재미있는 대인관계 심리학

재미있는 대인관계 심리학

초판 1쇄 발행 2020년 3월 10일
초판 2쇄 발행 2020년 9월 15일
초판 3쇄 발행 2022년 2월 10일
초판 4쇄 발행 2023년 2월 17일
초판 5쇄 발행 2024년 3월 19일
초판 6쇄 발행 2026년 2월 27일

지 은 이 조명실
펴 낸 이 신일희
펴 낸 곳 계명대학교 출판부
출판등록 제347-1998-1호(1970. 9. 1)
주 소 대구광역시 달서구 달구벌대로 1095
대표전화 053-580-6233
팩 스 053-580-6235
홈페이지 www.kmupress.com
삽 화 조예나

ISBN 979-11-6516-039-5 03320 정가 13,000원

이 도서의 국립중앙도서관 출판예정도서목록(CIP)은 서지정보유통지원시스템 홈페이지(http://seoji.nl.go.kr)와 국가자료종합목록 구축시스템(http://kolis-net.nl.go.kr)에서 이용하실 수 있습니다. (CIP제어번호 : CIP2020007888)

재미있는 대인관계 심리학

조 명 실

계명대학교 출판부

Preface

머리말

대학생 때 심리학 관련 교양을 들었는데, 30년이 지난 지금까지도 담당하셨던 교수님이 생각날 정도로 재미있고 유익한 수업이었다. 언젠가 나도 그 분처럼 멋진 강의를 하고 싶다는 열망이 있었던 것 같다. 그리고 커뮤니케이션, 상담기법 등을 강의한 지 벌써 20년이라는 시간이 훌쩍 지났고 2019학년부터 균형교양으로 '재미있는대인관계심리학'을 개발해서 강의를 하고 있다. 2014년에 개발한 균형교양 과목 앞에 '재미있는'이라는 명칭이 있어서 살짝 시리즈 같은 느낌이 든다.

인간관계 또는 대인관계라는 제목을 달고 나온 많은 책들이 있다. 이 책도 그 많은 책 중의 하나가 될 테지만 학생들에게는 비싼 교재를 사야하는 부담을 덜어주고 개인적으로는 두 학기 재미있는대인관계심리학 강의를 위해 다양한 책과 논문을 읽고 정리했던 그리고 외부에 유사한 주제로 강의했던 수년 간의 경험을 담아 책을 써야겠다는 생각을 하게 되었다. 대인관계와 관련한 다양한 내용을 에세이 형식으로 구성하여 누구나 읽기 쉽고 바로 적용해 볼 수 있는 아주 실용적인 책으로 만들고 싶은 소망이 있었고 이런 바람으로 '재미있는대인관계심리학'이 나오게 된 것이다. 보통 교재의 딱딱한 형식과는 달리 대인관계라는 주제에 나의 삶의 경험을 자연스레 연결시켜 보고 각 주제별로 수업에서 활용할 수 있는 다양한 활동들을 소개했다. 정말 교재 제목처럼 대인관계를 "재미있는" 방법으로 이해하고 적용해 볼 수 있도록 구성하였다.

교재의 구성은 인간관계의 자연스런 흐름에 따라 인간관계를 시작하며, 인간관계를 돈독히 하며, 인간관계를 맺으며, 인간관계 개선 프로젝트의 4가지 영역으로 나누어 보았고, 각 영역별로 하위 주제들을 에피소드, 꼭 알아두어야 할 개념, 체크리스트와 같은 활동으로 전개해 보았다. 특히 활동은 가능한 여러 가지를 소개하여 필요에 따라 혹은 상황에 따라 적합한 것을 선택해 사용할 수 있도록 했다.

첫 번째, 인간관계를 시작하며 영역에서는 '인간관계 꼭 필요한가?'라는 주제부터 인간관계의 시작이 되는 나에 대한 이해를 돕기 위해 자기 개념, 자기 소개, 의미 있는 타인, 인생태도, 자기개방 정도, 강점, 의사소통 유형 등을 다루었으며, 타인에게 관심두기와 관련해서는 인간관계에 영향을 주는 동기, 동기부여를 하는 욕구, 대인신념, 타인을 인정해 주는 방법인 스트로크 등을 포함시켰다.

두 번째. 인간관계를 돈독히 하며 영역에서는 인간관계의 발전단계, 첫 인상, 인상형성에 영향을 주는 요인, 비언어적인 기술, 호감, 경청하기, 공감하기, 질문하기, 나-전달법으로 표현하기, 대화기회 포착하기, 설득하기, Right Now, 습관형성하기 등의 내용을 담았다.

세 번째, 인간관계를 맺으며 영역에서는 빗속의 사람 그림, 인간관계의 유형, 친구 관계, 이성 관계, 가족 관계, 직장에서의 인간관계, 부적응적 인간관계 등으로 나누어 구성하였다.

마지막으로 인간관계 개선 프로젝트 영역에서는 한 학기 동안 강의를 들으며 수행해야 할 과제에 대한 자세한 안내를 하였다. 인간관계 개선이 필요한 또는 좋은 관계라면 더 좋은 관계를 유지하기 위해 대상을 선정하는 것부터 목표설정, 전략 세우기, 전략 실행하기, 소감 등으로 과제를 수행함에 있어 지침이 될 만한 내용들을 담았다.

최근 조사결과에 따르면 대학생의 최대 고민이 인간관계와 관련한 문제이다. 이 교재가 그런 고민 해결의 실마리를 제공해 줄 수 있길 기대해 본다. 그리고 만나게 되는 많은 그리고 다양한 사람들과 더 따뜻한 인간관계를 맺으며 서로 성장할 수 있기를 바래본다.

Contents

목 차

03 STEP 인간관계를 맺으며 — 115

STEP
01

- 인간관계 꼭 필요한가?
- 나에게는 여러 가지 면이 있다
- 나를 소개합니다
- 나에게 의미 있는 타인은?
- 나의 인생태도
- 조하리의 창을 통해 본 자기개방 정도는?
- 나의 강점은?
- 나의 의사소통 유형은?
- 다른 사람에게 관심을 둔다는 것은?
- 인간관계에 영향을 주는 동기가 있을까?
- 욕구가 동기부여를 한다
- 내가 정의하는 인간관계는 어떤 것일까?
- 타인의 존재를 인정해 주는 방법: 스트로크

인간관계를 시작하며

인간관계 꼭 필요한가?

'인간은 사회적 동물이다', 탈무드의 격언인 '혼자 살려면 신이 되든지 짐승이 되든지 둘 중 하나를 선택해야 한다'라는 말은 모두 익히 잘 알고 있다. 사회적인 관계를 맺지 않고 살 수 없다는 의미이다. 사람은 태어나면서부터 원하든 원하지 않든 다양한 종류의 인간관계를 맺게 된다. 엄마의 뱃속에 있을 때부터 태명 등으로 불리며 관계를 형성하고 태교를 통해 다양한 방법으로 소통한다. 그리고 세상 밖으로 나오면 가족이라는 울타리에 속하게 되고 자연스레 친인척 관계도 맺어진다. 유치원에 입학하면서부터 또래 친구와의 관계, 조금 나이가 많거나 어린 집단에 속하면서 언니, 오빠, 누나, 형, 동생의 관계, 선생님과의 관계 등이 형성된다. 초등학교부터 대학교까지의 학교급별로 다양한 새로운 친구 관계 및 선후배 관계를 형성하고 좋아하는 동아리나 동호회 활동을 하며 인간관계의 폭도 넓어진다. 고등학교나 대학교를 졸업하고 취업하면서 직장 동료 및 상사와 부하의 관계도 새로이 맺게 된다. 때론 대학시절부터 다양한 아르바이트를 경험하며 먼저 동료나 상사와의 관계를 경험하게 되기도 한다. 이처럼 가족 관계, 친구 관계, 선생님과의 관계, 직장에서 동료와 상사나 부하와의 관계, 동호회에서의 인간관계 등등. 사람은 발달단계에 따라 자연스럽게 다양한 상황에 노출되고 더불어 다양한 인간관계를 형성한다.

그럼, 인간관계란 무엇일까? 어떻게 정의할 수 있을까? 인간관계의 사전적 정의(국립국어원, 2019)를 살펴보면, '인간과 인간, 또는 인간과 집단과의 관계를 통틀어 이르는 말'로 정의하고 있다. 인간관계를 하기 위해 필요한 것은 무엇일까? 인간관계를 형성할 때는 나, 너, 상호작용이라는 것이 있어야 가능하다. 즉 주체로서의 나, 대상이 되는 너, 나와 너 사이의 상호작용이 있어야 관계가 이루어진다. 인간관계는 사람과 사람 사이의 상호 간에 일어나는 관계, 사람과 사람 사이의 상호작용이라 할 수 있다. 생텍쥐페리 어린왕자에서도 관계에 관련된 부분들이 많이 나오는데, 여우와의 대화에서 어린 왕자는 관계를 맺는다는 의미로 '길들이기'라는 이야기를 듣게 된다. 여우는 '내가 보기엔 나도 다른 수만 마리의 여우와 똑같잖아. 그렇지만 네가 나를 길들이면 우리는 서로 아쉬워 질 거야. 내게는 네가 세상에서 하나밖에 없는 존재가 될 거고 네게도 내가 이 세상에 하나밖에 없는 여우가 될 거야.'라고 이야기한다. 이처럼 관계를 맺는다는 것을 길들이기로 표현할 수도 있다.

그렇다면 인간관계를 통해 얻는 이득에는 어떤 것이 있을까? 또는 인간관계를 해야 하는 중요성이나 필요성으로 떠오르는 것에는 어떤 것이 있을까? 인간관계를 통해 나를 확장하고 성장시킬 수 있기에 인간관계는 꼭 해야만 한다. 사람은 다양한 방법으로 성장하고 배움을 가질 수 있다. 예를 들면, 우연히 손에 든 책을 읽다가 아하! 하는 순간, 깨달음을 얻기도 하고 훌훌 또는 계획하고 떠난 여행에서 다양한 것들을 경험하고 학습하게 된다. 그리고 내가 하고 있는 일을 통해서 그리고 다양한 인간관계를 통해서 나를 성장시키고 배울 수 있다. 《논어(論語)》〈술이편(述而篇)〉의 "子曰, 三人行必有我師焉 擇其善者而從之 其不善者而改之(자왈, 삼인행필유아사언 택기선자이종지 기불선자이개지)" 라는 의미를 새겨보자. 공자가 이야기한 것으로 "세 사람이 길을 가면 그 중에 반드시 내 스승이 될 만한 사람이 있으니, 그들 중 좋은 점을 가진 사람의 장점을 가려서 따르고, 좋지 않은 점을 가진 사람의 단점으로는 자신을 바로 잡을 수 있기 때문이다."라는 의미이다. 이처럼 다른 사람과의 관계는 곧 나를 확장하고 성장시키는 중요한 수단이 될 수 있다. 또한 누군가와 인간관계를 맺는다는 것은 상대방을 알아가고 이해해 가는 과정이라 할 수 있다. 다른 사람을 존중하고 수용해 주며 서로의 필요를 채워주고 같이 더불어 살아가는, 공존하는 기회를 제공하기도 한다.

그러면 인간관계의 시작은 어떻게 할 수 있을까? 첫째는 나에 대한 이해를 통해 시작할 수 있다. 나는 어떤 성향이고, 무엇을 중요하게 생각하고, 나의 강점은 무엇인지, 나의 의사소통 유형은 어떤지 등을 안다면 인간관계를 시작하는 데 도움이 된다. 둘째, 인간관계의 시작은 타인에게 관심두기에서부터 비롯된다. 다른 사람에 대한 관심이 없다면 인간관계를 형성하는 것이 가능할까? 그렇지 않을 것이다. 자기에 대한 이해와 더불어 타인에 대한 관심은 관계 형성에 기초적인 부분이라 할 수 있다. 따라서 '1장 인간관계를 시작하며'에서는 '자기 개념, 자기를 소개하는 방법, 의미 있는 타인, 자기개방, 강점, 의사소통 유형' 등으로 구성된 나에 대한 이해와 '인간관계의 발전단계, 첫인상, 인상형성 요인, 비언어적인 기술, 호감, 공감, 질문하기, 나-전달법, 설득, 습관' 등으로 구성된 타인에게 관심두기로 나누어 살펴보고자 한다.

생각해 봅시다: 인간관계가 중요한 이유는?

*

*

*

*

*

*

나에게는 여러 가지 면이 있다

나에 대한 기초적인 이해를 위해 가장 먼저 '나는 어떤 사람인가?' 또는 '나는 누구인가?'에 대한 생각이나 정의가 필요하다. '나는 누구인가?'라는 질문에 떠오르는 것을 적어보면 자연스레 자신에 대해 어떻게 생각하고 정의하고 있는지를 살펴볼 수 있다. 이와 같은 것들을 자기개념이라고 한다. 자기개념은 사전적인 정의(국립국어원, 2019)로는 자기 자신에 대하여 느끼고 생각하는 내용이다. 즉 자기 자신에 대한 신념체계라 할 수 있다. 유사한 말로는 자아상, 자아 등이 있다. 자신에 대한 생각과 신념이 무엇이냐에 따라 타인을 대하는 태도가 달라진다. 우리는 자기를 통해 타인과 세상을 바라본다. 따라서 자기 자신에 대해 어떤 생각과 느낌을 갖는지와 관련한 자기개념도 대인관계에 영향을 주는 요인이라 할 수 있다. 자기 개념은 자아존중감에 기초가 되며, 나라는 사람과 관련된 의식적이고 무의식적인 정신적 표상을 말한다.

자기에 대한 개념을 정의할 때 딱 한가지로 정의할 수 있을까? 자기를 정의하는 데 있어 상대방도 영향을 줄 수 있고 나의 처한 상황도 영향을 줄 수 있으며 또 언제 정의하느냐에 따라 달라질 수 있다. 히긴스(Higgins, 1987)는 자기차이 이론(self-discrepancy theory)을 통해 사람들은 다양한 종류의 자기개념을 갖고 있으며 여러 유형의 자기 상태의 차이에 따라 다양한 정서를 경험하게 된다고 제안하였다. 이처럼 자기에는 여러 가지 다측면적인 구조가 숨어있다. 조금 더 구체적으로 살펴보자.

첫째, 계명대학교 00학과 학생, 성별, 3남매 중 둘째 딸, 몸무게는 50kg 등과 같이 외적인 자기 모습을 포함하여 현재의 나의 모습과 관련된 것은 현실적인 자기(actual self)라고 한다. 나의 경우에 현실적인 자기로는 계명대학교 교수이고, 학회 이사이고, 정책자문위원 등과 같이 표현할 수 있다.

둘째, 이상적인 자기(ideal self)는 현재 나에게는 없지만 이렇게 되었으면 좋겠다, 저렇게 되었으면 좋겠다와 관련한 것이다. 예를 들면, 토익 만점을 받고 유창한 외국어 실력이 갖추어진 모습, 유머 감각이 뛰어나서 주위 사람들에게 호감을 끄는 모습, 당당하게 취업해서 목에 택을 달고 출근하는 직장인 등이 있다. 나의 경우는 모든 강의를 잘 하고 인품도 훌륭해서 모든 학생들에게 존경받는 교수가 되는 것이 이상적인 자기이다.

셋째, 가능한 자기(possible self)로 노력하면 이루어질 수 있고 가능하다고 믿는 나의 모습으로 노력해서 장학금을 받는 모습, 해외봉사활동을 나가는 것 등을 예로 들 수 있다.

넷째, 의무적인 자기(ought self)로 중요한 타인인 부모, 친인척, 교수, 동료들로부터 기대되는 나의 모습을 말한다. 돈 잘 버는 딸, 쓸 때 쓸 줄 아는 친구, 힘들 때 함께해 주는 가족 등과 같은 것이다. 여러분이 작성한 '나는 000이다'를 살펴보면서 기술한 것들이 자기의 종류 중 어떤 것을 나타내는지 확인해 보도록 하자.

현실적 자기와 이상적인 자기 간에 차이가 크다면 어떤 일이 벌어질까? 좌절감이 클 것이다. 내가 바라는 나의 모습은 엄청 멋지고 원대한데, 이상적으로 바라는 나의 모습을 이루기에는 현실적인 부분들이 갖추어져 있지 않고 아직 작게만 느껴질 수 있기에 좌절, 절망, 우울을 경험하게 되기도 한다. 그러나 가능한 자기가 역할을 해 준다면 어느 정도 이상적인 자기에 다가갈 수 있다는 희망으로 이어질 수도 있을 것이다. 또 현실적 자기와 의무적 자기의 괴리감이 크다면 어떨까? 의무적인 자기는 알고 있는 것처럼 주위에서 나에게 기대하는 바람들, '이 정도는 되어 주어야 한다'는 모습이기에 현실적 자기가 그 정도에 미치지 못하고 있다면, 아마도 부담감이 클 것이고 불안함을 느낄 수도 있고 사회적인 관계에 대해서도 두려움을 경험할 수도 있다. 이런 경우, 둘 간에 중재해 주고 조절해 주는 것이 자기효능감이다. 그렇다면 자기효능감은 무엇일까? 국어사전(2019)에서는 자기효능감을 특정한 상황에서 자신이 적절한 행동을 함으로써 문제를 해결할 수 있다고 믿는 신념 또는 기대감으로 정의하고 있다. 자기효능감(self-efficacy)은 사회학습이론에서 나온 개념으로 밴듀라(Bandura, 1977)가 처음 사용하였다. 자기효능감은 개인이 어떤 결과를 산출하기 위해 요구되는 행동을 성공적으로 수행할 수 있다는 신념을 말한다. 현실적 자기와 이상적 자기의 차이가 크고 현실적 자기와 의무적 자기의 차이가 크더라도 자기효능감이 높으면 부담이나 불안이나 좌절을 극복할 수 있도록 도와줄 수 있다.

윌리엄 제임스(James, 1890)는 자기를 또 다른 기준으로 나누고 있다. 물질적 자기(material self), 심리적 자아(psychic self), 사회적 자기(social self)로 구분해 설명한다. 물질적 자기는 외모 및 신체 특성, 재산이나 소유물과 관련한 것으로 키가 큰, 날씬한, 잘 생긴, 최신 휴대폰이 있는, 집이 있는, 스포츠카가 있는 등이 예가 될 수 있다. 심리적 자기는 내면적(심리적) 특성인 성격, 흥미, 능력, 가치, 세계관, 인간관, 지식 수준 등과 관련한 것들로 마음이 착한, 공부를 잘 하는, 함께하는 공유가치를 중요시하는 등과 같은 것을 예로 들 수 있다. 사회적 자기는 대인관계 속에서 주어지는 나의 위치와 평가로서 친구 관계, 이성관계, 가족 관계, 직장에서의 관계 속에서의 자기 위치를 말한다. 예를 들면, 계명대학교 학생, 00학과 학생회 임원, 00 교회 주일학교 교사, 00 아르바이트생 등이 있다.

생각해 봅시다

* 나는 ______________________________ 사람입니다.

* 나는 ______________________________ 사람입니다.

* 나는 ______________________________ 사람입니다.

* 나는 ______________________________ 사람입니다.

* 나는 ______________________________ 사람입니다.

* 나는 ______________________________ 사람입니다.

* 나는 ______________________________ 사람입니다.

* 나는 ______________________________ 사람입니다.

* 나는 ______________________________ 사람입니다.

* 나는 ______________________________ 사람입니다.

* 나는 ______________________________ 사람입니다.

* 나는 ______________________________ 사람입니다.

* 나는 ______________________________ 사람입니다.

나를 소개합니다

자기를 소개할 기회는 점점 많아지는 것 같다. 대인관계를 다루는 교과에서 자기소개가 빠진다면 서운할 수 있을 것 같다. 자기소개를 준비하면서 자기를 알릴 수 있고 자기를 돌아볼 수 있는 기회가 될 수 있기에 하나의 주제로 다루어 보고자 한다. 대신에 통상적으로 하는 자기소개의 방법이 아니라 조금 색다른 독특한 방법 4가지 정도를 소개해 보고자 한다. 이 또한 익히 잘 아는 방법일 수도 있을 것 같다.

1) 나를 소개할 세 가지는?

같은 단과대학에 근무하시는 교수님 중 한 분의 연구실은 커피 마시기 좋은 곳으로 우리 단과대학 내에서는 명성이 자자하다. 자주 이용하는 사람들끼리는 커피 내려주시는 교수님의 성함을 따서 00카페라 한다. 성함을 공개하지 못하지만 나의 이름을 붙여 '명실 카페'라고 하면 약간의 촌스러움이 느껴지지만 그분의 성함을 붙이면 뭔가 있어 보이는 카페 이름이 된다. 한 가지 놀라운 것은 카페의 특성이 커피만을 마시는 것은 아닌 것처럼 이 곳도 그렇다. 학교 생활, 요즈음 학생들, 강의, 연구, 운동, 자기 관리하는 법 등등 일명 수다라고 불리는 다양한 이야기가 커피를 마시며 오고 간다, 그러나 최근에 주인장이신 교수님의 위에서 커피를 거부하여 주메뉴가 커피가 아니라 차로 바뀌었다. 그래서인지 아니면 학교 일로 서로 바빠서인지 최근에는 덜 방문하게 되었다.

그리고 이 교수님은 대구에서 40여 분 떨어진 곳에 별장을 하나 가지고 계신다. 별장을 갖는 것보다 더 좋은 것이 별장을 가진 친구가 있는 것이라고 누군가 이야기했던 것처럼 정말 그런 덕을 볼 수 있다. 다른 교수님들과 서너 번 정도 갔었는데.... 아늑하고 손수 꾸미신 곳곳의 흔적이 감동을 주기도 한다. 몇 해 전에는 방학을 이용해 큰 아드님과 둘이 집에 확장 아닌 확장 공사를 하셨단다. 앞에 공간을 마련해 울타리 작업을 해서 테이블 놓는 공간을 마련한 것이다. 테이블, 천장 공사, 울타리, 등 달기 등 모든 것을 직접 아들과 둘이 했으니 성취감도 컸을 것 같다.

이 교수님과 우연한 기회에 노후에 필요한 세 가지를 이야기하게 되었다. '펜(붓), 호미, 톱'이라는 말로 본인을 소개하는데 얼마나 놀랐던지.... 연구하고 강의하는 교수로서 퇴직 후에도 펜을 이용해 글을 쓰겠다는 의미에서 '펜', 대구 근교 별장에 있는 텃밭을 가꾸고 좋아하는 나무 묘목을 가꾸는 데 필요한 '호미', 공방은 아니지만 의자, 테이블, 책장 등과 같은 가구들을 지금처럼 직접 만들고 싶다는 의미에서 '톱'이라고 하셨다.

이야기를 듣고 학생들에게 자신의 소중한 가치에 대해 늘 강의하고 과제를 제시하기도 하는 나로서도 나를 무엇으로 표현해 볼 수 있을까를 고민하게 되었다. 현재로서 나를 소개할 세 가지로는 "노트북, 다이어리, 운동화"라는 것이 떠오른다. 이제까지 쌓은 그리고 앞으로 축적할 내가 한 학문에서의 흔적을 지금처럼 남기기 위해 컴퓨터는 필수일 듯하다. 그리고 나의 하루 일과를 적어 놓는 작은 흔적들이 묻어 있는 다이어리이다. 특히, 다이어리에는 하루 중 감사한 것들을 주로 기록해서 언제 다시 보아도 나의 기분을 좋게 해 준다. 몇 년 동안 모아둔 다이어리가 보물처럼 있다. 그리고 마지막은 운동화이다. 지금도 차에 운동화를 신고 다니며 틈만 나면 아니 틈을 내서 걸으려 애를 쓴다. 최근에 어깨도 뭉치고 팔 저림 현상도 있고.... 운동의 필요성을 깨달아서 더 그런 듯하지만 나의 건강관리를 위한 방법의 하나가 될 것 같다. 물론 생각처럼 쉬운 것은 아닌 듯하다.

현재의 나를 소개할 세 가지 물건에는 무엇이 있을까? 그리고 앞으로의 나를 소개할 때 사용할 수 있는 물건에는 무엇이 있을까? 한 번 고민해 봄직하다.

나를 소개할 세 가지는? (글이나 그림으로 표현하기)		

2) 명대사로 소개하기

책도 좋아하고 영화도 좋아하는 내가 책이나 영화에서 만나는 그리고 나를 깨우쳐 주는 좋은 글귀와 대사들이 있어 얼마나 감사한지 모르겠다. 책을 읽으면서 공감가는 내용에 밑줄 치고 별표하며 느꼈던 희열감, 그리고 영화를 보며 '펜이 필요해'라고 외쳤던 순간.... 정말 감동적인 일들이 많았던 것 같다.

영화를 좋아하는 것에 비해 마음처럼 많은 영화를 보지는 못한 것 같다. 영화를 보며 눈물짓기도 하고 한바탕 웃기도 하고 때론 영화를 본 후 마음에 맴도는 많은 것들을 되새김질하기도 한다. 영화 속에서 만났던 내가 뽑은 명대사로 나를 소개해 보고자 한다.

진로상담에 관심이 많은 내가 꼭 보라고 강추하고 싶은 영화 중에 하나가 '페임(fame)'이다. 예술고등학교 학생 한명 한명이 주인공인 이 영화의 마지막 부분에서 나온 명대사가 있다. 배우를 꿈꾸는 여학생이 졸업작품 발표회에서 이야기한 내용으로 기억된다. "성공이란 돈, 명예, 권력이 아니라 아침에 일어나 오늘 할 일에 대해 설레면서 집을 나서는 것, 최선을 다해 이루고자 하는 것. 성공은 우정 그리고 사랑입니다." 재미있는 진로선택-내 인생의 네비게이션을 강의하면서도 학생들에게 가슴 설레는 일, 좋아하는 일을 하라고 강조하고 있는 내 모습과 일치하는 듯하다. 교수라는 나의 직업도 나의 가슴을 설레게 하고 있다. 물론 가끔은 이런저런 일들로 망각 아닌 망각, 당연시하는 때도 있지만 처음 마음을 잃지 않으려 노력하고 있다.

또 다른 영화는 2017년 개봉한 '위대한 쇼맨'이다. 이 영화는 여러 다른 모습의 사회적 약자들로 서커스단을 만들어 이들의 존재감이나 자존감을 높여주는 영화라 할 수 있다. 영화를 보며 울고 웃었던 기억이 생생하다. "모든 사람에게 사랑받을 필요는 없어요. 곁에 좋은 사람 몇 명만 있으면 되는 거에요.", "다른 사람을 행복하게 하는 것이 진정한 예술이다(P.T. 바넘)."라는 대사들이 마음에 꽂혔다. 또 다시 펜이 필요한 순간이었다. 모두에게 사랑받고 싶어 하는 나의 모습, 모두에게 인정받으려는 나의 모습, 모두에게 괜찮은 사람이고 싶어 하는, 그리고 모두에게 배려적이라는 말을 듣고 싶어 하는 나의 모습이 떠올랐다. 곁에 좋은 사람 몇 명만 있으면 된다는 말이 위안으로 느껴졌다. 그리고 타인을 행복하게 하는 것이 진정한 예술이라는 말에 나의 강의, 수업이 힐링이 된다는 학생들, 특히 대학원생들이 떠올랐다. 내가 하는 상담이나 강의가 남을 행복하게 하는 것이 되도록 더 노력해야겠다.

다른 과목이긴 하지만 가상강좌에서 차시마다 마지막에 좋은 글을 소개하고 있다. 내가 모은 것도 있고 아는 선생님이 주신 글귀도 있어서 주제와 맞는 내용을 골라 구성했다. 학생들의 강의만족도 자유문항이나 과제 마지막에 좋은 글이 있어 좋았다는 내용이 적혀 있어서 반가웠다. 피드백을 보며 통하는 사람이 있어 감사하기도 했다.

여러분~ 여러분을 소개할 명대사나 좋은 글에는 어떤 것이 있을까요? 아직 생각해 보지 않았거나 생각하지 못했다면 이제부터 주의를 기울여 보면 좋겠다. 책을 읽으며 영화를 보며 드라마를 보며 심금을 울리는 글귀나 대사를 만날 수 있으면 좋겠다.

명대사 / 좋은 글	

3) 별칭 듣고 친구 추측해 보기

자기를 소개하는 다양한 방법들 중에 아는 사람들끼리 자기소개할 때 이용하면 좋은 방법이 별칭을 듣고 누구인지를 맞추어 보는 방법이다. 게임처럼 활용할 수도 있어 재미를 더해 준다. 방법을 소개해 보면 간단하다. 각자 자신의 별칭을 적은 후, 접어서 섞고 돌아가면서 하나씩 뽑고 누구의 별칭인지 맞추어 보는 것이다.

이제까지 내가 들어왔던 별칭 중에 마음에 드는 것이나 불리고 싶은 별칭을 생각해 보자.

불리었던 별칭	
불리고 싶은 별칭	

4) 나를 맞혀봐

JTBC에서 진행하는 '아는 형님'이라는 프로그램에 '나를 맞혀봐'라는 코너가 나오는데, 여기에서 아이디어를 얻은 것이다. 이 프로그램에는 고정 출연자들이 있고 매주 새로운 전학생 몇 명이 출연한다. 전학생에게 자기소개하는 시간이 주어진다. '나를 맞혀봐'라는 시간에 퀴즈 형식을 빌어 전학생이 자신에 대한 에피소드를 문제로 제시하고, 기존 학생들은 답을 맞춘다. 우리는 자기소개를 할 때 보통 '나는 000을 잘 해' 또는 '나는 00이야'라는 말로 자기에 대해 정의를 내리고 소개해 왔다. 그러나 이 코너에서는 질문형식으로 자기에 관한 문제를 내고 다른 사람들이 답을 맞추는 것이다. 그리고 답을 맞추기 어려워하면 힌트를 준다. 여기에 사용할 수 있는 질문은 무궁무진하다. 답을 맞추기 위해 다양한 상상을 하며 상대방에 대해 생각해 보는 기회가 되고 다양한 정보를 노출하게 된다.

그리고 최근에는 다양한 보드게임이 나와 있는데 '나를 맞혀봐'에 활용할 수 있는 보드게임으로는 'OX 카운팅 카드(2018)'와 '만약카드(2018)'가 있다. OX 카운팅 카드는 42장의 질문 카드로 구성되어 있으며 OX 카드가 12장 들어 있다. 그냥 게임 형식으로 활용하지 않는다면 질문 목록만을 이용해서 자기를 소개할 수도 있고, 게임형식으로 진행한다면 OX카드를 활용해 질문을 던지는 사람이 문제의 답이 O인지 X인지 해당 카드를 엎어서 내려놓고 다른 사람들이 정답을 맞추었는지를 확인한다. 모두 못 맞춘 경우에 1점을 획득하는 것으로 진행할 수 있다.

만약카드는 황당무계 만약카드와 이심전심 만약카드로 구성되어 있고 각각 50장씩 총 100장이다. 만약카드는 한 명씩 돌아가면서 만약카드 하나를 뽑아서 적혀있는 질문을 전체에게 읽어주고 자신이 먼저 답을 한 후, 다른 사람의 답을 들어 볼 수도 있고 만약카드를 뽑은 사람이 지목을 해서 답변을 들을 수도 있다. 다음에는 답변을 한 사람이 만약카드를 뽑아 같은 순서로 진행한다.

자기를 소개하는 질문 목록의 예

* 나는 ( )에서 일이 잘 된다.
* 나는 ( )을 한 번도 해 보지 않았다.
* 나는 ( )을 키운다.
* 나는 ( )이 길다.
* 나는 ( )을 다녀왔다.
* 나는 ( )을 한 번도 타 보지 않았다.
* 나는 ( ) 요리를 잘한다.

나를 소개할 질문은?

* 나는 ____________________
* 나는 ____________________
* 나는 ____________________

나에게 의미 있는 타인은?

50여 년을 살아오면서 나의 삶에 정말 중요한 영향을 준 사람들이 있다. 이런 사람을 의미 있는 타인이라고 한다. 의미 있는 타인이라는 용어는 설리반(Sullivan, 1953)이 처음 사용하였다. 설리반은 성격의 본질이 대인관계 상황에서의 긴장에 의해 결정되며 개인의 대인관계, 특히 친밀한 사람들과의 관계에 의해 일생에 걸쳐 형성된다고 설명한다. 우리는 자신에게 의미 있는, 중요한 타인과의 관계를 형성하고 모델링을 통해 자기를 형성해 간다. 대상관계이론에서는 유아 초기의 중요한 대상이나 타자와의 관계가 이후의 사회적 관계의 틀을 결정한다고 본다(장선숙, 2018).

여러분은 의미 있는 타인하면 떠오르는 사람이 누구인가요? 많은 경우, 엄마, 아빠, 연인, 배우자, 선생님, 친구, 종교지도자, 선배 등이 떠오른다고 한다. 대학 입시 면접에서 인생에서 중요한 사람, 영향을 많이 준 사람에 대해 설명하도록 하면 최근에는 부모님을 이야기하는 경우가 많아졌다, 왜 그럴까에 대해 살짝 고민을 한 적도 있지만 나의 경우에도 엄마가 제일 먼저 떠오른다. 얼마 전에 종영한 '세상에서 제일 예쁜 내 딸'이라는 프로그램이 있다. 최종회에 심순덕 시인의 '엄마는 그래도 되는 줄 알았습니다'라는 시가 소개되었는데, 얼마나 심쿵하던지.... 가족 카톡방에 공유도 하고, 대학원 가족상담 수업시간에 이 시를 소개하기도 하고.... 엄마라는 말이 새삼 새롭게 다가왔다. 그리고 나를 돌아보고 반성하게 되기도 했다.

엄마는 그래도 되는 줄 알았습니다

- 심순덕 -

엄마는
그래도 되는 줄 알았습니다
하루 종일 밭에서 죽어라 힘들게 일해도

엄마는
그래도 되는 줄 알았습니다
찬밥 한 덩이로 대충 부뚜막에 앉아 점심을 때워도

엄마는
그래도 되는 줄 알았습니다
한겨울 냇물에서 맨손으로 빨래를 방망이질해도

엄마는
그래도 되는 줄 알았습니다
배부르다 생각 없다 식구들 다 먹이고 굶어도

엄마는
그래도 되는 줄 알았습니다
발뒤꿈치 다 헤져 이불이 소리를 내도

엄마는
그래도 되는 줄 알았습니다
손톱이 깎을 수조차 없이 닳고 문드러져도

엄마는
그래도 되는 줄 알았습니다
아버지가 화내고 자식들이 속 썩여도 전혀 끄떡없는

엄마는
그래도 되는 줄 알았습니다
외할머니 보고싶다
외할머니 보고싶다 그것이 그냥 넋두리 인줄만-

한밤중 자다 깨어 방구석에서 한없이 소리 죽여 울던
엄마를 본 후론
아!
엄마는 그러면 안 되는 것이었습니다

출처: 심순덕(2019). 엄마는 그래도 되는 줄 알았습니다. 니들북.

의미 있는 타인

내가 매우 좋아하고 또한 나를 매우 좋아하는 사람
내가 닮고 싶어 하는 사람
내가 조언과 충고를 얻기 위해 찾는 사람
나의 인생과 관련된 중요한 사안에 대해서 결정을 하는 사람
나의 의견과 행동에 중요한 영향을 미치는 사람
나의 개인적 성장을 촉진하는 사람
내가 정서적, 심리적으로 가장 깊게 신뢰하는 사람
나와 같은 가치관을 공유하는 사람
내가 실제적 관계이든 상상적 관계이든 많은 시간을 함께 보내는 사람
나에게 가장 적절하고 유용한 평가적 피드백을 제공하는 사람
나에게 친밀감과 존중감을 제공하는 실제적 또는 잠재적 원천이 되는 사람

출처: 권석만(2017). 젊은이를 위한 인간관계의 심리학. 학지사.

나의 인생에 긍정적이고 좋은 영향을 준 많은 의미 있는 타인이 있지만 두 분 정도만 소개해 보고자한다.

첫째, 어머님으로 어머님의 긍정적인 모습을 많이 닮고 싶다. 그런 모습이 지금은 많이 닮아있기도 하다. '늘 잘 될 거야.', '해 보는데 까지 해보고'라는 말씀도 잘 하신다. 며칠 전에 세 준 2층에서 물이 새는 일이 생긴 모양이다. 요즈음 작은 공사는 하지 않으려고 해서 어렵게 일하는 분을 연결해서 물 새는 원인을 찾으려 했는데, 원인이 쉽게 찾아지지 않아 여러 날을 고생을 한 끝에 3층에서 온수가 샌 것이 원인임을 밝혀냈다. 그러나 수리비의 50%를 먼저 요구해서 받고는 업체 사장님이 다른 급한 일을 처리하느라 여기저기 공사 흔적을 남겨 놓고는 며칠 뒤에 온다고 연락을 한 모양이다. 어머님께서는 3층 사시는 분들이 뜨거운 물을 못 쓰니 안 되겠다 싶어 집의 비밀번호를 알려주고 혹시 비었더라도 열고 들어와서 편할 때 씻으라고 하셨다는 말씀을 하셨다. 이야기를 듣고 나의 첫 반응은? 요즈음 그러면 안 된다는 말을 먼저 하고 말았다. 어머님의 생각은 세

사는 사람이 불편을 겪으면 안 된다는 것과 요즈음 빈 집들이 얼마나 많은데 그래도 이렇게 세를 사시는 분들이 있어 다행이라는 것이었다. 무한 긍정인 어머님의 이야기를 들으며 또 한 번 배우고 있다. 그리고 어려서부터 누군가에게 무엇을 줄 때는 크고 좋은 것을 주라는 말씀을 하셔서 지금도 누군가에게 무엇을 줄 때 비교를 하고 자꾸 살펴진다. 이것 또한 좋은 영향을 많이 받은 부분의 하나이다.

둘째, 힘들 때, 조언이 듣고 싶을 때 생각나는 분이 다행히 나에겐 있다. 바로 신부님이시다. 마냥 멀기도 하고 어려운 분이기도 하지만 힘들 때는 먼저 생각나고 도움을 청하고 싶은 분이기도 하다. 이래도 어렵고 저래도 어려운 상황에 있다고 하니, 나에게 쪽지 두 장에 각각의 안을 적고 접은 뒤 던져서 하나를 펴고 그것을 따르라고 제안해 주기도 하셨고, 당신이 신앙생활하시면서 어려웠을 때 외국 신부님이 도와주셨던 방법이라며 나에게 적용해 주시며 조언과 위로를 해 주기도 하셨다. 아직 까지도 성장이 필요한 나에게 성장할 수 있도록 힘을 북돋워 주시는 분이시다.

여러분은 여러분 인생에서 중요한 타인으로 떠오르는 사람이 있나요? 그분은 누구이고 그분을 통해 닮고 싶은 모습은 어떤 것일까요? 깊이 생각해 보면 좋을 듯하다.

생각해 봅시다

* 나에게 의미 있는 타인은?

* 그리고 이유는?

나의 인생태도

인생태도란 어린 시절 부모의 양육태도를 바탕으로 형성되고 자기, 타인 또는 세계에 대해 기본적으로 반응하는 태도이며, 자기상과 타인상이 포함된다(한국교류분석협회, 2019). 자신에 대한 긍정과 부정 그리고 타인에 대한 긍정과 부정의 조합으로 네 가지 인생태도를 소개한다. 자신의 인생태도를 알면 인생을 바라보는 눈 즉 관점을 바꿀 수 있다. '~ 때문에'라는 말을 자주 사용하는 사람과 '~덕분에'라는 말을 자주 사용하는 사람 간에는 어떤 차이가 있을까? '~ 때문에'라는 표현에는 나 아닌 남을 탓하는 느낌이 들고 부정적인 이미지가 떠오른다. 반면에 '~덕분에'라는 표현에는 함께 한다는 느낌이 들고 타인에 대해 인정해 주고 감사를 전하는 느낌이 든다. 최근에 나도 카톡에서 고마움을 표현할 때 "~덕분입니다. 고맙습니다"라는 표현을 의도적으로 더 쓰려고 하고 있다. 이런 표현이 조금 더 따듯한 세상을 만드는 데 일조할 수 있지 않을까.... 내가 나 자신을 그리고 타인, 세상을 어떻게 바라보느냐와 관련해 어떤 인생태도를 갖느냐는 인간관계를 맺는 데 있어 중요한 요인의 하나라 할 수 있다. 네 가지 인생태도를 조금 더 구체적으로 나누어 살펴보자.

첫째, 자기 긍정-타인 긍정(I'm ok, You're ok)의 태도는 자기와 타인에 대해 긍정적인 경향을 보이며 자존감이 높고 함께 협력해서 일을 처리해 간다. 그리고 대화 스타일은 개방적이며 문제가 발생하면 자기와 타인에 대한 신뢰에 기초하여 함께 대화를 통해 해결하려 한다. 가장 건강한 인생태도로서 갖고 있는 기본 정서는 기쁨이다.

둘째, 자기 긍정-타인 부정(I'm ok, You're not ok)의 태도는 항상 자신은 옳다고 생각하고 타인이 잘못되었다고 보는 경향이 있어서 독선적이거나 독단적으로 비춰질 수 있으며, 상대방으로 하여금 무시당한다는 느낌이 들게 할 수 있다. 타인에 대한 이해나 수용이 부족하고, 대화스타일은 공격적이거나 자기방어적인 경우가 많다. 문제가 발생하면 타인의 생각을 수용하기보다는 거부하고 일방적으로 처리하려고 한다. 자기애가 강하고 배타주의적 경향이 있으며, 기본적인 정서는 분노이다.

셋째, 자기 부정-타인 긍정(I'm not ok, You're ok)의 태도는 자기에 대해서는 부정적이면서 타인에 대해서는 긍정적인 사람이 보이는 태도이다. 열등감이 있는 경우가 많으며, 자존감도 낮고, 자신은 무능하다는 생각을 하고 있어 문제가 생기면 쉽게 좌절하고, 문제 상황에서 도피하거나 책임지려 하지 않고, 타인에게 의존하려는 경향이 있다. 대화스타일은 자기방어나 변명을 많이 한다. 자신을 경시하는 경향이 있고, 우울 성향이 있을 수 있다. 나보다 잘난 사람들은 피하고 싶어 하며 슬픔이라는 기본 정서를 가진다.

넷째, 자기 부정-타인 부정(I'm not ok, You're not ok)의 태도는 자존감도 낮고 타인도 신뢰하지 못하고 부정하는 경향이 있다. 인생의 목표도 없고 허무주의자이며 대화스타일은 적의적이고 반항적이다. 문제가 발생하면 문제에 압도당하는 경우가 많다. 나는 무엇을 해도 안 되는 쓸모없는 사람이라는 생각을 한다. 따라서 갖고 있는 정서는 두려움이다.

인생태도 체크리스트는 Eric Berne(1961)의 인생태도 주요개념에 기초한 것으로 윤영진, 문영호, 김미례, 송준석, 정정숙, 이영호(2016)가 수정·보완한 표준화된 검사지를 소개하고 활용해 보고자 한다. 문항 수는 총 40개의 문항으로 하위영역별 자기 긍정, 자기 부정, 타인 긍정, 타인 부정으로 각 10문항씩으로 구성되었다. '매우 부정'에서 '매우 긍정'의 5점 척도로 되어 있다.

나의 인생태도는 자기 긍정-타인 긍정(I'm ok, You're ok)에 해당된다. 주위에 아는 교수님들은 나에게 '언제 힘들고 기분이 안 좋으냐'고 물어 볼 정도로 긍정적이고 타인에게도 긍정의 에너지를 나누어 주는 편이다. 강의를 할 때도 학생들에게 웃음과 미소를 전하는 것은 기본이고, 안된다고 하기보다는 가능한 방향을 찾아 주려 애를 쓴다. 이런 마음이 전해져서인지 그리고 내가 담당하는 교과가 인성이나 상담에 관련한 것이어서인지 강의만족도 자유문항이나 과제 제출하며 메모로 남기는 말 중에는 '힐링되는 수업 또는 시간이었다'는 내용이 많다. 이런 인생태도를 갖고 있어도 가끔은 날이 선 비판적인 성향이나 부정적인 성향을 보이는 사람이 살짝 불편함으로 다가오기도 한다. 그러나 이 또한 다름을 인정하고 때로는 기대치를 낮추고 최대한 중재하고 합의할 수 있는 부분을 찾으려 애를 쓰는 편이다.

생각해 봅시다

* 나의 인생태도는 ________________________이다.

* 나의 인생태도를 어떻게 발휘하고 있는 지 사례를 들어 보자.

* 문항마다 흰 칸에 자신과 일치하는 점수를 써주세요.

매우 그렇다(5)　약간 그렇다(4)　보통이다(3)
약간 그렇지 않다(2)　매우 그렇지 않다(1)

TACA형 인생태도(OK) 체크리스트

1	다른 사람에 대한 평가 기준이 엄격하다.				
2	다른 사람도 나만큼 잘 할 수 있다고 생각한다.				
3	내가 잘못을 하거나 실수를 하는 경우에도 나 자신을 긍정적으로 바라본다.				
4	나 자신을 쓸모없는 인간이라고 생각한다.				
5	다른 사람이 친절을 베풀어도 일단 의심해 본다.				
6	사람들은 누구나 실수나 실패를 할 수 있다.				
7	나는 무슨 일이든 '하면 된다'라고 생각하는 사람이다.				
8	나는 자신의 행동이나 말에 자신감을 갖지 못한다.				
9	나는 상대방을 비난하거나 꼼짝 못하게 하려고 할 때가 있다.				
10	다른 사람을 진심으로 격려한다.				
11	"당신과 같이 있으면 즐겁다"라는 말을 자주 듣는다.				
12	나 자신의 용모나 외모에 자신이 없다.				
13	다른 사람의 장점보다 단점을 잘 찾아낸다.				
14	상대의 좋지 않은 면을 보더라도 나는 그 사람과 사귈 수 있다고 생각한다.				
15	나의 속마음을 다른 사람에게 솔직하게 표현한다.				
16	'나는 쓸모없는 사람이야!'라고 생각하는 경우가 종종 있다.				
17	나는 성격과 취향이 맞지 않는 사람과는 사귀고 싶지 않다.				
18	누구든지 자신의 의견이나 의사를 말할 권리가 있다.				
19	나는 매사에 적극적으로 활동하는 편이다.				
20	나는 무엇을 해도 잘 되지 않는다는 느낌이 들 때가 종종 있다.				
21	다른 사람의 결점이 하나라도 눈에 띄면 그 사람의 전부가 싫어진다.				
22	나에 대해 부정적인 생각을 가진 사람과 대화할 수 있다.				
23	나 자신의 얼굴이나 모습에 매력이 있다고 생각한다.				
24	내가 이 세상에 태어난 것에 대해 그다지 환영받지 못 했다고 생각한다.				
25	모르는 사람을 만나면 일단 의심부터 한다.				
26	사람들은 모두 존중받을 권리가 있다.				
27	나 자신에게는 아직 숨은 재능이 많이 있다고 생각한다.				
28	나는 결심한 것을 실천하는 것이 쉽지 않다.				
29	다툼이나 싸움이 일어나면 상대방을 먼저 탓한다.				
30	다른 사람의 일이 잘될 때 진심으로 박수를 쳐준다.				
31	다른 사람들 앞에서 불안해하거나 긴장하지 않고 자연스럽게 말할 수 있다.				
32	어떤 기회가 주어졌을 때 능력이 부족하다는 생각으로 포기하는 경우가 종종 있다.				
33	상대방이 내 기대에 못 미치면 화가 난다.				
34	모든 사람은 소중한 존재로 이 세상에 태어났다고 생각한다.				
35	나는 실패를 두려워하지 않는다.				
36	나 자신이 불필요한 존재라고 생각할 때가 가끔 있다.				
37	나는 평소 다른 사람을 그다지 칭찬하지 않는다.				
38	다른 사람의 행동이나 사고방식이 나와 다르다할지라도 싫어하지는 않는다.				
39	나는 다른 사람으로부터 신뢰받는 사람이라고 생각한다.				
40	나는 나 자신을 그다지 존중하지 않는다.				
	합계 (흰 칸의 점수를 세로로 합산해서 기록하기)				

출처: 윤영진, 문호영, 김미례, 정정숙, 이영호(2016). TACA형 자아상태 및 인생태도 검사지 개발과 활용의 실제. 경기:아카데미아.

채점하기

세로로 채점을 하면 되고 각각의 점수는 순서대로 타인 부정(You're not OK), 타인 긍정(You're OK), 자기 긍정(I'm OK), 자기 부정(I'm not OK)이다.

하위 척도	문항번호	내 점수
타인 부정(You're not OK)	1, 5, 9, 13, 17, 21, 25, 29, 33, 37	
타인 긍정(You're OK)	2, 6, 10, 14, 18, 22, 26, 30, 34, 38	
자기 긍정(I'm OK)	3, 7, 11, 15, 19, 23, 27, 31, 35, 39	
자기 부정(I'm not OK)	4, 8 ,12, 16 ,20, 24, 28, 32, 36, 40	

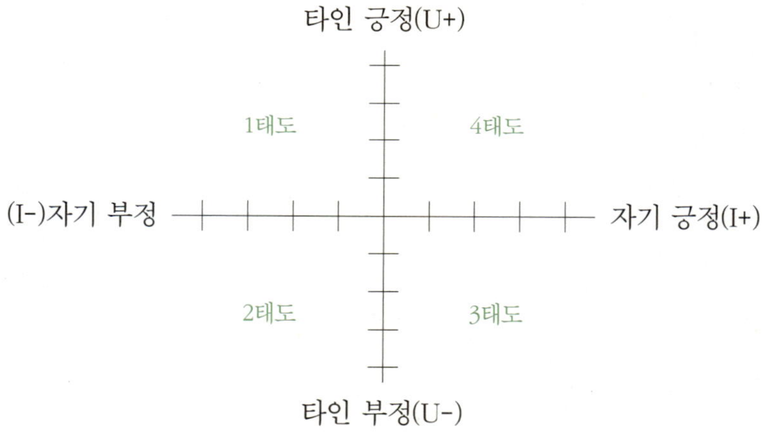

조하리의 창을 통해 본 자기개방 정도는?

자기개방 또는 자기노출이란 자신의 정보를 상대방에게 알려주는 것을 말한다. 특히 주위를 둘러보면 자기개방을 쉽게 잘 하는 사람들이 있다. 얼마 전에 알고 지내는 두 분의 교수님과 대학생들에게 대학에서 경험하는 다양한 문제들과 학습에 관련해 도움을 줄 수 있는 대학 입문서와 같은 책을 내기 위해 작업을 했다. 두 분은 나와는 사뭇 다르게 진솔하고 때로는 거침없이 자신의 이야기, 자기가 알고 있는 정보, 자기 의견을 편안하게 이야기해서 같이 작업하는 동안 우리에게 실제적으로 필요한 부분뿐만 아니라 외국 대학 그리고 다른 나라에서 이슈가 되고 있는 다양한 주제들에 대한 정보도 많이 얻을 수 있었다. 함께 웃으며 이야기를 하다보면 시간이 훌쩍 지나가 버리는 일들이 잦았다. 덕분에 1년여에 걸쳐 작업을 하면서 즐거운 시간을 함께할 수 있었던 것 같다. 반면에 자기개방이라는 측면에서 나는 살짝은 완전 개방형은 아닌 듯하다. 이분들과 작업하면서 상대적으로 나를 개방하기보다는 들어주는 것이 훨씬 편하고 필요한 경우에만 나의 사례를 이야기하거나 의견을 표현하는 편임을 새삼 깨닫게 되었다.

자기개방이 인간관계에 효과적이라는 것은 두말할 필요가 없을 것이다, 그러면 어떤 효과가 있을까? 자기 이야기를 하다보면 스스로 정리가 되는 느낌을 받아 본 적이 있을 것이다. 이처럼 자기개방은 자기이해에 도움이 된다. 문제라고 생각하고 끙끙 앓던 것도 누군가에게 꼭 해답을 구하기 위해는 아니더라도 이야기하고 나면 내가 원하는 것이 무엇이고 진정 고민하는 것이 무엇인지를 깨닫게 되곤 한다. 그리고 한참 나에 대해 이야기를 하다 보면 훅 올라왔던 감정들도 정화되는 느낌을 받기도 한다. 즉 감정 정화에 도움을 준다. 감정의 정화는 속 시원히 이야기하고 나서 털어버리는 것도 있고 나의 밑마음이 알아차려지면서 스스로 안정감을 찾게 되는 경우도 있을 것이다. 세 번째는 자기를 개방하는 정도에 따라 친밀감도 같이 상승한다. 대학생 때 M.T.를 가거나 마음에 맞는 사람들과 여행을 가서 밤새 이야기해 본 경험이 있는 사람들은 얼마나 자기개방이 친밀도를 향상시켜 주는지 이해할 것이다. 마지막으로 자기개방과 상대방의 적절한 피드백을 통해 의사소통도 원활해질 수 있다.

조하리의 창을 들어 본 적 있나요? 자기를 개방하는 정도로 인간관계를 진단해 볼 수 있는 간단한 체크리스트이다. 조하리의 창은 Joseph Luft와 Harry Ingham(1955)에 의해서 개발된 것으로 말하기(신뢰, 노출)라는 자기개방과 듣기(존중, 수용)라는 피드백의 측면에서 우리의 인간관계를 진단해 준다. 간단한 체크리스트로 되어 있지만 나는 어느 정도의 자기개방을 하고 다른 사람에게 피드백을 주는 사람인지에 대해 점검해 볼 수 있다.

다음의 체크리스트를 활용해서 자기개방 정도를 살펴보자. 다음 표에 1~10까지의 기준으로 자기에게 해당하는 점수를 채점판에 적어보자.

그렇지 않다: 1~4, 그저 그렇다: 5~8, 매우 그렇다: 9~10

1. 나는 상대방 의견에 공감하면 이를 바로 인정한다.
2. 나는 상대방의 잘못을 지적할 필요가 있을 때에는 직접 말한다.
3. 나는 상대방으로부터 납득하기 어려운 말을 들을 경우, 상황 파악을 위한 질문을 하고 잘 들어 본다.
4. 나의 의견에 대해 상대방이 어떻게 생각하는지 물어본다.
5. 나는 나의 느낌을 상대방에게 솔직하게 표현한다.
6. 나는 상대방의 감정을 존중한다.

7. 나는 걱정거리가 생길 경우 다른 사람을 찾아가 터놓고 의논한다.
8. 나는 혼자 이야기를 계속하여 상대방을 불안하게 하지 않는다.
9. 나는 진심으로 상대방의 이야기를 들어준다.
10. 나는 누군가가 찾아오면 그의 의견을 듣고, 대화를 독단적으로 끌고 가지 않는다.
11. 나는 상대방이 서운한 점을 표현하면 차분하게 그에게 설명한다.
12. 나는 상대방의 의견을 잘 받아들인다.
13. 나는 달가운 일이 아닐지라도 상대방이 알아야 할 사항이라면 알려준다.
14. 상대방의 의견이 나와 다를 경우, 나의 생각을 말하고 함께 검토해 본다.
15. 나는 말하기 거북한 내용이라도 상대방에게 솔직히 말한다.
16. 나는 나의 실수에 대해 상대방에게 변명을 하지 않고 비판에 귀를 기울인다.
17. 나는 상대방에게 있는 그대로를 나타내며 가식이 없는 편이다.
18. 나는 나의 의견에 찬성하지 않는 사람이라도 그의 의견을 끝까지 듣는다.
19. 나는 상대방에게 그의 생각을 편하게 말하도록 권장한다.
20. 내가 옳다고 확신하는 것은 상대방을 잘 설득한다.

채점판

말하기 문항	체크(1~10)	듣기 문항	체크(1~10)
1		3	
2		4	
5		6	
7		8	
11		9	
13		10	
14		12	
15		16	
17		18	
20		19	
총점		총점	

출처: 김종운(2017). 만남 그리고 성장을 위한 인간관계 심리학. 학지사.

조하리의 창은 4개의 영역으로 나누어 살펴볼 수 있다. 우선 가로에 듣기 문항 점수의 합을 내서 평균에 점을 찍어 보고, 세로에 말하기 문항의 점수의 합을 내어 평균을 점으로 찍어서 직선으로 연결해 보고 어느 영역이 넓은지를 살펴보자. 네 개 영역을 나누어 우선 살펴보도록 하자. 미지의 영역(거북형, 고립형)은 나도 모르고 다른 사람도 알지 못하는 나에 관한 정보이며, 숨겨진 영역(비밀, 올빼미형, 신중형)은 나는 알고 있지만 다른 사람에게는 알려지지 않은 정보이며, 맹목적 영역(보이지 않는, 황소형, 주장형)은 나는 모르지만 다른 사람은 알고 있는 나에 관한 정보이며, 공개적 영역(열린, 유리창형, 개방형)은 나도 알고 다른 사람에게도 알려진 나에 관한 정보이다. 이를 조금 더 자세히 살펴보자.

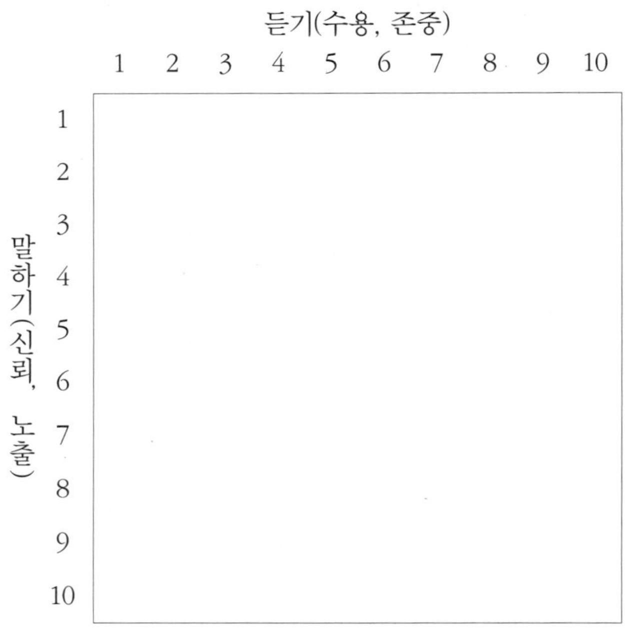

첫째, 미지의 영역(거북형, 고립형)은 인간관계에 있어서 소극적이며 무관심한 성향이 있다. 다른 사람과의 관계에서 불편한 관계를 만들기도 하고 고집이 세며 주관이 강한 경우가 많다. 대체로 고민이 많으며 부적응적인 유형에 속한다. 따라서 조금 더 적극적이며, 긍정적인 인간관계를 맺으려 노력하는 것이 필요하다.

둘째, 숨겨진 영역(비밀, 올빼미형, 신중형)은 현대인에게 제일 많은 유형이며 상대방이 알 수 없다는 특성 때문에 크렘린형이라고도 한다. 상당히 수용적이며 속이 깊고 잘 적응하는 편이다. 이 유형이 자주 듣는 말은 '너한테 그런 면이 있는 줄 몰랐어'라는 말이다. 그러나 실리적이며 계산적인 성향을 보이고 내면적으로는 고독함을 가질 수 있다. 따라서 자기개방이나 타인에게 피드백을 줌으로써 깊이 있는 교류를 시도하는 것이 필요하다.

셋째, 맹목적 영역(보이지 않는, 황소형, 주장형)은 자신감도 있고 자신의 기분이나 의견을 잘 표현해서 시원시원하고 솔직한 편이다. 그러나 타인의 반응에 무관심하거나 둔감한 편이고 때로는 독선적이고 독단적인 성향을 보인다. 이 유형이 자주 사용하는 말은 '내가 그런 사람으로 비춰지는지 정말 몰랐어'이다. 따라서 다른 사람에게 진지하게 귀 기울이는, 타인의 피드백을 겸허히 받아들이는 노력이 필요하다.

넷째, 공개적 영역(열린, 유리창형, 개방형)은 가장 바람직한 유형으로 인간관계가 원만한 편이고 적절하게 자기표현을 할 줄 알며 다른 사람의 말에 경청하고 타인에게 호감을 주며 친밀감을 잘 형성한다. 그러나 때로는 말이 많아서 경박한 사람으로 비춰질 수도 있다.

나의 장점은?

어린 시절 학교 다닐 때 늘 생각해 보도록 고무되었던 특성의 하나가 '단점'이다. 단점을 발견해서 빨리 장점으로 만드는 것이 필요하다는 이야기를 많이 들었었다. 그리고 학생들에게 자신의 장점과 단점을 적어보게 하면 어느 쪽을 더 많이 적을까?! 많은 학생들이 단점은 잘 적지만 자신의 장점을 적는 데 있어서는 몇 개 적다가 망설이는 모습을 많이 보인다. 여러분도 이제까지의 자신을 돌아보고 나의 장점과 단점을 생각나는 대로 적어보자.

나의 장점은?	나의 단점은?

과거의 심리학에서는 긍정보다는 부정적인 측면에 초점을 두어 연구를 진행해 왔다. 2000년 가까이 와서 긍정심리학이 태동되었고 그러면서 강점, 행복, 긍정 정서와 같이 밝고 긍정적인 부분에 초점을 맞추고 있다. 즉 긍정심리학은 인간의 재능과 강점을 함양하고 행복을 증진시키는 데 관심을 두며, 다양한 긍정심리 상태(만족감, 낙관적 사고, 몰입, 행복감 등), 긍정적 특질(긍정적 성품, 성격 강점, 미덕 등)을 연구하는 학문이다.

나의 강점에는 어떤 것들이 있을까? 이를 살펴보기 위해 먼저 미덕이라는 개념부터 정의하고 넘어가 보자. 세계 여러 나라 사람들이 소중하게 생각하는 보편적인 특성을 미덕이라 하고, 미덕을 함양하는 방법을 강점이라고 한다. 미덕은 시대와 문화를 통틀어 놀라울 정도의 보편성을 지닌 것으로 "High Six"라고 불리며(권석만, 2015), 인간의 강점이나 자생력의 원천이고 윤리와 건강을 통합하며, 인격의 특성으로 구현된다. 그리고 강점은 한 가지 일을 완벽에 가까울 만큼 일관되게 처리하는 능력으로 재능, 지식, 기술의 세 가지의 조합으로 만들어진다. 흔히 강점은 만족감을 주며 이것을 통해 주위 사람들에게 칭찬이나 상을 받고 본능적으로 나도 모르게 발휘하는 것이다.

이와 같은 미덕은 6개가 있으며, 이를 함양하는 방법인 강점은 24가지가 있다. 이를 표로 정리하면 다음과 같다.

미덕	강점
지혜와 지식	호기심, 학구열, 판단력, 창의성, 사회성 지능, 예견력
용기	호연지기, 끈기, 지조
사랑과 인간애	친절, 사랑
정의감	시민정신, 공정성, 지도력
절제력	자기통제력, 신중성, 겸손
초월성	감상력, 감사, 낙관주의, 영성, 용서, 유머감각, 열정

특히, 지혜는 모든 사회에서 중요한 덕목으로 여겨서 '미덕의 왕'이라 불린다. 미덕의 6가지나 24개의 강점은 보기만 해도 무엇을 의미하는지 감이 온다. 그러나 강의를 하다 보니 학생들이 혼란스러워 하는 몇 가지가 있어 추가적으

로 설명해 보려 한다. 우선 미덕 중에 초월은 자신보다 더 큰 것과의 연결성을 추구하는 초월적 또는 영적 강점을 말한다(권석만, 2015). 그리고 영성이란 강점은 궁극적인 것, 절대적인 것, 영원한 것, 성스러운 것을 추구하는 태도라 할 수 있다. 그러나 '종교생활을 하지 않으면 영성이 낮고, 종교생활을 하면 영성이 높다.'라고 말할 수는 없다. 그리고 시민정신은 자신이 속한 집단의 이익을 추구하고자 하는 책임의식으로 사회나 조직 속에서 자신에게 주어진 임무와 역할을 인식하고 부응하려는 태도이다. 내가 만난 시민정신이 강점이었던 학생의 사례가 떠오른다. 이 학생은 분리수거와 횡단보도를 예로 들어 시민정신을 발휘한 경험을 소개했다. 양말을 사면 비닐, 플라스틱, 종이, 철을 하나하나 분리해서 꼭 버리고, 교내에서 길을 건널 때도 반드시 횡단보도가 그려진 곳을 이용하고, 잔디에는 들어가지 않는다고.... 법을 잘 지키는 학생이라 생각되었다.

강점을 측정할 수 있는 방법으로는 첫째, 긍정심리학(Seligman, 2014)이라는 책에 수록된 체크리스트가 있다. 여기서는 6가지 미덕과 24개의 강점을 이야기한다. 둘째는 온라인(http://www.strengthfunder.com)에서 측정해 볼 수도 있다. 여기서는 34개의 강점을 발견할 수 있다.

가장 높은 점수를 받은 5가지를 대표 강점이라 한다. 대표 강점이란 개인의 특성을 잘 반영하며 흔히 사용되는 강점을 말한다. 인간관계를 하면서 자신의 강점이 무엇인지를 잘 이해하고 적용할 수 있다면 훨씬 관계를 맺고 유지하는데 도움을 받을 수 있다. 또 우리는 보통 자신이 잘하는 것을 이야기하기 좋아하는 성향을 지니고 있기 때문에 상대방의 강점을 알면 대화를 이끌어 가기 쉬울 수 있다.

생각해 봅시다

* 나의 대표 강점은 ______________________________이다.

* 나의 강점 발휘 경험은?

그리고 성격강점의 초점이 자신 또는 타인 지향인지에 따라 강점을 자기지향과 타인지향으로 구분하기도 한다. 자기지향성 성격강점은 창의성, 호기심, 활력, 학구열, 낙관성, 용감성, 지혜, 개방성, 끈기, 사회지능, 자기조절, 심미안, 영성의 13개가 있고, 타인지향성 성격강점은 유머감각, 감사, 사랑, 진실성, 신중성, 용서, 이타성, 리더십, 겸손, 공정성, 시민의식의 11개가 있다(유지형, 2018).

나의 의사소통 유형은?

위험이나 위협요소가 있다고 생각될 때 자존감을 지키고 보호하기 위해 또는 방어하기 위해 우리는 다양한 의사소통 유형을 사용한다. 사티어는 스트레스 또는 긴장 상황에서 비생산적으로 대처하는 방식을 알아보기 위해 의사소통 유형을 제안한다. 장성환(2009)의 연구에서 활용한 체크리스트를 활용해 의사소통 유형을 확인해 보자.

사티어는 자아존중감의 3요소로 자기, 타인, 상황을 이야기하는데, 세 가지 요소 중 어느 것에 비중을 두느냐에 따라 의사소통 유형이 달라진다고 보며, 5가지 의사소통 유형을 제안한다. 이 중 역기능적 의사소통 유형에는 회유형, 비난형, 초이성형, 산만형이 있고, 기능적 의사소통 유형에는 일치형이 있다.

이를 조금 더 나누어 설명해 보면 다음과 같다.

첫째, 회유형은 자기가 무시된 유형으로 '다 내 잘못이야'라고 생각하며 타인에게 맞추려고만 하는 유형이다. 즉, 타인의 승인을 얻기 위해 자기를 약자로 표현한다. 따라서 슬픔, 걱정, 짜증, 억눌린 분노를 갖고 있으며 상처를 받는다. 회유형에게 요구되는 것은 자기 주장을 펴는 것이며, 자원으로는 돌봄과 민감성, 양육을 들 수 있다.

둘째, 비난형은 타인이 무시된 유형으로 주로 남 탓을 많이 하기에 '다 네 잘못이야'라는 말을 많이 한다. 타인의 단점이나 잘못을 찾아내고 상대방의 요청을 거절한다. 공허감이나 무가치감 또는 사랑받지 못함을 숨기기 위해 사용하기도 한다. 적대감, 분노, 좌절, 억눌린 상처, 통제 불가능에 대한 두려움, 외로움 등도 가지고 있다. 겉으로는 공격적으로 보이나 내적으로는 소외감을 느껴 외로운 실패자로 인식되기도 한다. 이 유형에게 요구되는 것은 배려이다. 그리고 갖고 있는 자원으로는 자기주장성, 지도력, 에너지 등을 들 수 있다.

셋째, 초이성형은 자기와 타인이 무시되고 단지 상황만 중시하는 유형이다. '사람은 논리적이어야 해'라고 생각하며 극단적으로 객관성을 중시하고 '항상 자신이 옳다'는 것을 증명하려 한다. 그리고 사람 간에 거리를 두고 엄격하게 행동하는 편이다. 겉으로는 매우 냉정하고 완고해 보이나 내적으로는 관계나 친밀감의 욕구와 관련해 쉽게 상처를 받는 유형이다. 예민함, 소외감, 외로움, 텅 빈 느낌을 갖고 자기의 감정을 거의 표현하지 않는 편이다. 또 우울, 집착, 강박 등의 성향을 보이기도 한다. 따라서 겉으로 보기엔 조용해 보일 수도 있다. 이 유형에게 요구되는 것은 감정이입, 공감 등이며, 자원으로는 지성과 문제해결력을 들 수 있다.

산만형은 자기, 타인, 상황이 모두 무시되는 유형으로 심리적으로 접촉하기 가장 어려운 유형이다. '그냥 내버려 둬'라는 말을 많이 하며, 대화 중에 주제를 자주 바꾸거나 끼어들거나 방해하는 행동을 많이 한다. 최근에 '영혼 없다'는 표현을 자주 사용하곤 하는데, 이 유형에 해당되며 의미 없이 이야기를 하는 편이다. 따라서 혼란스러움, 부적절함, 낮은 충동 통제 등을 보일 수 있으며, 요구되는 것은 현실감이며, 자원으로는 즐거움, 창의성, 자발성 등을 들 수 있다.

다섯째, 일치형은 자기, 타인, 상황이 모두 중시되며 균형 잡힌 유형이라 할 수 있다. 즉 의사소통의 내용과 내면의 감정이 일치하는 유형이다. 이 유형은 개방적이고 공유하며 타인의 말을 경청하고 존중한다. 평화로움과 차분함이 있으며, 자기와 타인에 대해 수용적인 편이다, 자원으로는 스스로 알아차리는 능력, 전인성, 높은 자아존중감을 들 수 있다.

다음 중 자신의 현재 상태를 가장 잘 나타내 준다고 생각하는 문항은 그렇다에 ○ 표시를, 그렇지 않은 문항에 아니다에 ○ 표시를 해 주십시오.

문항	내용	그렇다	아니다
1	나는 상대방이 불편하게 보이면 비위를 맞추려고 한다.		
2	나는 일이 잘못되었을 때 상대방의 탓으로 돌린다.		
3	나는 무슨 일이든 조목조목 따지는 편이다.		
4	나는 생각이 자주 바뀌고 동시에 여러 가지 행동을 하는 편이다.		
5	나는 타인의 평가에 구애받지 않고 내 의견을 말한다.		
6	나는 관계나 일이 잘못되었을 때 자주 내 탓으로 돌린다.		
7	나는 다른 사람의 의견을 무시하고 내 의견을 주장하는 편이다.		
8	나는 이성적이고 차분하며 냉정하게 생각한다.		
9	나는 다른 사람들로부터 정신이 없거나 산만하다는 소리를 듣는다.		
10	나는 부정적인 감정도 솔직하게 표현한다.		
11	나는 지나치게 남을 의식해서 나의 생각이나 감정을 표현하는 것을 두려워 한다.		
12	나는 내 의견이 받아들여지지 않으면 화가 나서 언성을 높인다.		
13	나는 나의 견해를 분명하게 표현하기 위해 객관적인 자료를 자주 인용한다.		
14	나는 상황에 적정하지 못한 말이나 행동을 자주 하고 딴전을 피우는 편이다.		
15	나는 다른 사람이 내게 부탁을 할 때 내가 원하지 않으면 거절한다.		
16	나는 사람들의 얼굴 표정, 감정, 말투에 신경을 많이 쓴다.		
17	나는 타인의 결점이나 잘못을 잘 찾아내어 비판한다.		
18	나는 실수하지 않으려고 애를 쓰는 편이다.		
19	나는 곤란하거나 난처할 때는 농담이나 유머로 그 상황을 바꾸려 하는 편이다.		
20	나는 나 자신에 대해 편안하게 느낀다.		
21	나는 타인을 배려하고 잘 돌봐 주는 편이다.		

문항	내용	그렇다	아니다
22	나는 명령적이고 지시적인 말투를 자주 사용하기 때문에 상대가 공격받았다는 느낌을 받을 때가 있다.		
23	나는 불편한 상황을 그대로 넘기지 못하고 시시비비를 따지는 편이다.		
24	나는 불편한 상황을 안절부절 못하거나 가만히 있지를 못한다.		
25	나는 모험하는 것을 두려워하지 않는다.		
26	나는 다른 사람들이 나를 싫어할까 두려워 위축되거나 불안을 느낄 때가 많다.		
27	나는 사소한 일에도 잘 흥분하거나 화를 낸다.		
28	나는 현명하고 침착하지만 냉정하다는 말을 자주 듣는다.		
29	나는 한 주제에 집중하기보다는 화제를 자주 바꾼다.		
30	나는 다양한 경험에 개방적이다.		
31	나는 타인의 요청을 거절하지 못하는 편이다.		
32	나는 자주 근육이 긴장되고 목이 뻣뻣하며 혈압이 오르는 것을 느끼곤 한다.		
33	나는 나의 감정을 표현하는 것이 힘들고, 혼자인 느낌이 들 때가 많다.		
34	나는 분위기가 침체되거나 지루해지면 분위기를 바꾸려 한다.		
35	나는 나만의 독특한 개성을 존중한다.		
36	나는 나 자신이 가치가 없는 것 같아 우울하게 느껴질 때가 많다.		
37	나는 타인으로부터 비판적이거나 융통성이 없다는 말을 듣기도 한다.		
38	나는 목소리가 단조롭고 무표정하며 경직된 자세를 취하는 편이다.		
39	나는 불안하며 호흡이 고르지 못하고 머리가 어지러운 경험을 하기도 한다.		
40	나는 누가 나의 의견에 반대해도 감정이 상하지 않는다.		

출처: 장성환(2009). Satir의 의사소통의 이용에 따른 아동의 사회성. 동아대학교 석사학위 논문.

채점하기

그렇다 1점, 아니다 0점

의사소통 유형	문항번호	합계
회유형	1, 6, 11, 16, 21, 26, 31, 36	
비난형	2, 7, 12, 17, 22, 27, 32, 37	
초이성형	3, 8, 13, 18, 23, 28, 33, 38	
산만형	4, 9, 14, 19, 24, 29, 34, 39	
일치형	5, 10, 15, 20, 25, 30, 35, 40	

다른 사람에게 관심을 둔다는 것은?

인간관계는 나를 확장하는 것, 나를 성장시키는 것이라고 한다. 상호작용, 대인관계 적응 기술, 구성원 간의 역동적인 관계 등으로 정의되는 인간관계는 나에 대한 이해와 더불어 타인에 대한 관심에서 시작된다. 나 이외에 다른 사람에게 얼마나 관심을 갖고 있느냐가 인간관계의 초석이 된다. 하우석(2006)의 '뜨거운 관심'이라는 책이 있다. 우선 뜨거운 관심이란 무엇일까? 누군가에게 관심을 기울인다고 할 때 뜨거운 관심을 가지려면 무엇이 필요할까? 뜨거운 관심의 세 가지 조건을 살펴보자.

첫째, 존중하는 마음이 있어야 한다. 존중이란 사람이나 사물을 공손하고 소중하게 여기는 태도를 말한다. 인도의 인사말 중에 '나마스떼'라는 말이 있는데, '지금 여기에 당신을 존중하고 사랑한다'는 의미를 담고 있다. 우리나라 인사말 중에 '안녕하세요' 정도로 사용되는 인사말에 어떻게 이런 의미가 담겨 있을까! 처음 '나마스떼'라는 말을 알게 되었을 때 정말 감동이었다. 그리고 우리 대학의 '글로벌시티즌십'이라는 교과에는 외국인(계명인성교육원 바르미) 학생이 수업에 와서 자기 나라를 소개해 주고 한국 생활하면서 경험한 다양한 사례들을 나누고 서로에게 궁금한 것들을 질문하고 답하는 시간을 갖는 주차가 있다. 2019년 1학기에 미얀마에서 유학을 온 학생이 수업에 들어왔는데, 미얀마의 인사법을 이야기해 주어서 또 한 번 놀랐다. 우리나라에 '안녕하세요'에 해당되는 미얀마의 '밍글라바'라는 인사말은 '밍갈라(행복, 축복)'와 '바(입니다)'가 합쳐진 말이라고 한다. '밍글라바' 인사법은 팔짱을 낀 채 고개를 숙인다. 이렇게 하는 이유는 팔이 묶여 있어서 상대를 위협할 수 없다는 것을 나타내는 것이라고 한다. 다른 나라의 인사말에 담긴 의미를 알고 다양하게 존중을 표현하고 있음을 새삼 깨닫게 되었다.

그러면 내가 누군가에게 관심이 있고 존중하는 마음이 있다는 것을 어떻게 표현할까를 고민해 볼 필요가 있다. 나의 경우에는 학생들에게 출석을 부를 때 00 학생이라는 표현을 쓴다. 뒤에 꼭 학생이라는 말을 붙이고 가능하면 존대를 해 준다. 아는 교수님 중에는 학생 이름을 부를 때 '~씨'라는 단어를 붙인다. 처음에는 낯설게 느껴졌는데, 어찌보면 '~학생'보다 나은 표현 같아서 최근에는 나도 호칭에 변화를 주어야겠다는 생각을 하게 되었다. 여러분은 누군가를 존중한다는 것을 어떻게 표현하고 있나요?

둘째, 상대 입장을 먼저 고려해야 한다. 상대방의 입장을 먼저 고려한다는 것은 입장 바꾸기, 역지사지, 공감 등등으로 대체해서 사용할 수도 있다. 여기서는 배려라는 말로 대체해 보고자 한다. 배려는 사전적인 정의에 따르면, '여러 가지로 마음을 써서 보살피고 도와줌'이다. 또 가치성장카드(2008)에서는 배려를 '상대의 처지와 원하는 바를 헤아림'이라고 한다. 상대방이 무엇을 원하고 어떤 처지에 놓여 있는지를 먼저 생각하고 고려해 준다면 뜨거운 관심이 되지 않을까?!

셋째, 지속적이어야 한다. 우리가 누군가에게 관심을 기울인다고 할 때, 일회성이거나 단기간 동안에 관심을 기울이는 것은 비교적 가능하고 쉬운 편이다. 그러나 뜨거운 관심이 되려면 지속적으로, 계속해서 관심을 기울이는 것을 말한다. 필요할 때만 그리고 요구할 때만 관심을 기울이는 것이 아니라 이후에도 살펴봐주고 마음을 써주는 것이 진정한, 뜨거운 관심일 것이다.

이것처럼 인간관계의 시작은 타인에게 관심을 갖는 것이 반드시 필요하다.

인간관계에 영향을 주는 동기가 있을까?

먼저 동기라는 개념을 살펴보자. 동기를 의미하는 단어인 'motive'는 '움직이다'라는 의미의 라틴어 'movere'에서 유래한 것으로 행동을 일으킬 뿐만 아니라 그 행동의 방향까지 부여한다. 특정한 목표를 향해 행동하도록 만들어 주는 내면적인 원동력으로, 흔히 운전대에 비유를 한다. 왜냐하면 운전대를 어떻게 돌리느냐에 따라 방향이 정해지는 것처럼 이리저리 방향을 조정할 수 있기 때문이다.

동기는 내적 동기와 외적 동기로 구분할 수 있다. 내적 동기는 인간이 어떤 행동을 하는 데 있어서 행동 그 자체에서 즐거움이나 성취감을 얻고, 호기심이나 흥미와 같이 개인의 자발적인 의지가 그 행동의 원천이 되는 것을 말한다. 외적 동기는 인간의 어떤 행동이 보상, 타인의 칭찬이나 인정 등과 같이 외적이고 환경적인 요인들에 의해 유발되는 것을 말한다.

우리는 다른 사람과 관계를 맺으면서 다양한 욕구들을 충족하고자 하는데 이와 관련된 부분이 대인동기이다. 대인동기란 인간관계를 지향하도록 하고 사회적 행동을 일으키는 동기적인 요인으로 인간관계를 하는 개인의 내적 욕구라 할 수 있다. 즉 대인동기는 다른 사람과 얼마나 관계를 맺고 싶어 하는가, 또는 얼마나 만나고 싶어 하는가와 관련한 것이다. 사람은 인간관계를 형성하고 사회적 행동을 통해 충족시키고자 하는 다양한 대인동기를 가지고 있다. 위험으로부터 보호받고 싶은 것, 생존을 위한 생리적인 것을 충족하는 것, 다른 사람과 친해지려는 것, 타인에게 영향력을 끼치고 싶은 것 등과 관련한 대인동기가 있다. 내가 인간관계를 하려는 이유가 무엇인지를 생각해 보면 쉽게 대인동기가 무엇인지를 찾을 수 있다. 또한 대인동기는 대인행동을 결정하는 중요한 요인이기도 하다.

대인동기에는 3가지 기능이 있다. 첫째, 목표지향적인 행동을 하게 하는, 유발하는 기능이 있다. 재미있는 대인관계 심리학 수업에서 학생들에게 부과하는 과제가 '인간관계 개선 프로젝트'이다. 자신의 인간관계를 점검해 보고 개선이 필요한 대상자를 선정해서 비밀리에 관계 개선을 위한 노력을 기울여 보고 결과 보고서를 제출하는 것이다. 또는 관계가 좋은 사람과 더 좋은 관계를 맺기 위해 노력한 결과를 보고서로 제출하는 것이다. 대인관계 개선을 위한 동기로 카톡을 보내거나 같이 식사를 하거나 게임을 같이 하는 등의 목표지향적인 행동을 하게 된다. 이처럼 동기는 동기를 충족시켜 줄 수 있는 행동을 유발한다. 둘째, 목표지향적인 행동을 지속하게 하는 추진력을 제공한다. 이는 마음에 드는 친구를 사귀기 위해 다양한 시도를 해 본 경험이 있다면 쉽게 이해될 것이다. 친해질 때까지 이런저런 행동을 하면서 원하는 바를 향해 돌진하게 하는 특성을 말한다. 셋째, 동기는 목표지향적 행동을 조절하는 기능을 한다. 이는 내가 원하는 바를 위해 어떤 행동을 시작하고 원하는 것을 이루고 나면 그 행동을 지속할지, 멈출지를 결정하게 해 준다. 친구를 사귀고 싶다면 다양한 방법으로 접근해 보고 안 되면 다른 방법을 써 보고, 친해진 후에도 관계를 유지하기 위해 노력을 하거나 때로는 더 이상의 노력을 기울이지 않기도 한다. 이처럼 동기는 목표지향적 행동의 시작, 유지, 종결에 관여하며 조절해 주는 기능을 한다.

대인동기는 모든 사람이 똑같이 가지고 있는 것일까? 우리의 경험만 보아도 아니라는 것을 쉽게 알 수 있을 것이다. 즉 개인차가 있다는 것이다. 늘 새로운 사람을 만나는 것을 좋아하고 많은 사람들과 더불어 있는 것을 좋아하는 사람이 있는 반면 새로운 사람을 만나는 것이 쉽지 않고, 여럿이 함께 있는 것도 좋지만 혼자 있는 것도 즐기는 사람이 있을 수 있다. 이처럼 대인동기는 강도 면에서 개인적인 차이를 보일 수 있다. 또한 대인동기의 개인차에 영향을 주는 요인도 다양하다. 예를 들면, 성격적인 특성이나 기질적인 특성처럼 유전적인 요인의 영향을 받기도 하고, 욕구의 충족 경험, 충족하는 방법에 따라 강도나 접근하는 방식에서 차이를 보일 수도 있다. 또한 후천적인 경험 특히, 어린 시절 부모와의 애착 경험에 의해 영향을 많이 받기도 한다.

욕구가 동기부여를 한다

동기는 욕구(need), 추동(drive), 충동(impulse), 본능(instinct) 등과 같이 혼용되어 사용되고 있다. 어떤 특정 목표를 달성하기 위해 행동을 하게 하는 동기에 대해 조금 더 자세히 살펴보자. 동기 또는 욕구를 이야기한 대표적인 학자는 Maslow로 욕구의 5단계이론을 제시했다. 5가지 욕구에는 생리적 욕구, 안전(안정) 욕구, 소속과 사랑(애정) 욕구, 자존(존중)의 욕구, 자아실현(자기실현)의 욕구가 있으며, 이런 욕구는 피라미드 구조로 계층 또는 위계를 이루고 있다. 다섯 가지 욕구의 특성을 간략히 살펴보면 다음과 같다.

첫째, 생리적인 욕구는 가장 기본적인 욕구 또는 일차적인 욕구라 할 수 있으며 목이 마를 때 물을 마시고 싶은 것, 배가 고플 때 먹고 싶은 것, 추위를 피하고 싶은 것, 피로감을 회복하고 쉬고 싶은 것, 고통을 피하는 것 등과 같이 생리적인 것과 관련되며, 생존과 직결되는 욕구라 할 수 있다. 예를 들면, 어제 무리하게 과제를 하거나 시험이 끝난 경우에는 조금 여유를 부리며 쉬고 싶은 것, 흔히 당 떨어지는 느낌이 들 때 당분이나 먹을 것을 보충하는 것, 배탈이 나면 적게 먹고 몸의 균형이 되돌아 오도록 조절하는 것 등이 있다.

둘째, 안전(안정) 욕구는 육체적 위험으로부터 보호, 사회 질서, 경제적 안정, 정돈되어 있고 예측이 가능한 환경, 안전한 피난처, 공포와 불안으로부터의 자유

등이 해당된다. 또한 안전의 욕구는 신체적인 안전뿐만 아니라 심리적 안전이 포함된다. 예를 들면, 매달 꼬박꼬박 월급이 들어오는 것, 정서적으로 안정감을 느끼는 것 등이 있다. 지진, 세월호 사건 등과 같이 커다란 사건 사고가 보도되면 사람들은 안전에 대한 욕구를 위협받고 충족 못하는 것으로 지각한다.

셋째, 소속과 사랑(애정) 욕구는 사랑받고 싶고, 수용받고 싶은 것 그리고 어느 집단에 소속되고자 하는 것과 관련된다. 이 욕구는 다른 사람과 친밀한 관계를 통해 충족될 수 있다. 예를 들면, 계명대학교 학생이라는 것, 종교단체에 가입되어 있는 것, 친구나 선후배 간의 끈끈한 정을 쌓는 것 등이 있다.

넷째, 자존(존중) 욕구는 자신이나 타인으로부터 자신이 가치 있는 존재라고 느끼는 것, 존중받는 것과 관련된 것으로 성취, 인정받으려는 것, 능력을 가지려는 것, 특권이나 지위를 얻으려는 것, 스스로의 발전을 위해 노력하는 것 등이 포함된다. 언제 가장 만족스럽고 자존감이 생기고 자기 긍지가 높아지는지를 생각해 보면 자존 욕구를 이해할 수 있다. 내가 자주 사용하는 말 중에 "00하니까 나 정말 착하죠?"라는 말이 있다. 내가 한 행동을 통해 인정받고 싶고 착하다는 말을 듣고 싶음을 표현하는 것이다. 그리고 직장에서 어떤 직위를 부여받아 역할을 잘 수행하다가 임기가 끝나는 경우, 갑자기 허무해지고 자신이 작아지는 것처럼 느끼는 것도 자존과 관련한 부분일 수 있다.

다섯째, 자기실현 욕구는 최고 수준의 욕구이며 좀 더 자율적이고 자기지시적이다. 인간의 잠재적인 자기 자신을 실현하려는 경향, 자신이 될 수 있는 모든 것이 되려는 욕구라 할 수 있다. 자기에게 내재된 또는 잠재된 능력을 충분히 발휘하는 것과 관련한 욕구로 인간은 완벽하게 될 수 없어 꾸준히 동기부여가 된다.

매슬로가 주장한 욕구단계설은 우선 동기를 위계적으로 분류해서 낮은 동기가 충족되지 않으면 상위 동기로의 발달이 이루어지지 않는다고 보고 있다. 매슬로 욕구이론의 네 가지 가정을 살펴보자. 첫째, 일단 충족된 욕구는 더 이상 동기 부여 요인이 아니다. 둘째, 인간의 욕구체계는 매우 복잡하다. 셋째, 상위 수준의 욕구가 개인의 행동에 영향을 주기 위해서는 일단 하위 수준의 욕구가 충족되어야 한다. 생리적인 욕구, 안전(안정) 욕구, 소속과 사랑(애정) 욕구, 자존(존중) 욕구와 같이 피라미드의 아래에 해당하는 욕구를 결핍의 욕구라 하여, 필수적이며 시급한 것으로 본 반면 피라미드의 최고 상위에 있는 자아실현의 욕구를 성장욕구라 하였다. 넷째, 하위 수준보다는 상위 수준의 욕구에 보다 많은 충족 방법이 있다.

그러나 매슬로 욕구이론의 한계는 모든 인간에게 다섯 가지 욕구단계가 항상 일정적인 것은 아니고, 개인에 따라 우선순위가 달라질 수 있다. 또한 하위의 욕구가 충족되더라도 그 욕구가 동기유발 요인으로서의 의미를 완전히 상실한다기보다는 강도는 약화되어 있지만 하나의 욕구로서 여전히 남아 있다. 마지막으로 항상 하나의 욕구가 행동을 유발하는 것이 아니라 두 가지 이상의 복합적인 욕구가 하나의 행동을 유발할 수도 있기에 위계적인 구조로 설명하는 것이 타당한지에 의문이 일기도 한다.

욕구와 관련한 체크리스트

김병구(2012)의 Maslow 욕구이론을 통해 본 저소득 독거노인의 서비스만족에 관한 연구에서 사용한 체크리스트를 참고로 하여 문항을 수정해 소개해 보고자 한다.

다음은 욕구와 관련한 문항입니다. 얼마나 중요하게 생각하십니까? 해당하는 것에 '○'를 해 주세요.

욕구	문항	아주 중요하다	조금 중요하다	보통이다	별로 중요하지 않다	전혀 중요하지 않다
생리적	먹는 것					
	입는 것					
	편안히 잠 잘 수 있는 것					
	편안한 주거 환경					

안전	생활에 필요한 일정한 소득					
	정기적인 일자리(일거리)					
	생활할 수 있는 주택					
	노후생활의 보장					
소속과 사랑	가족들과의 관계					
	친구와의 관계					
	정서적 지지					
	모임이나 활동 (동호회, 동아리, 종교단체 등)					
자존 (존중)	주위 사람이 나를 인정하는 것					
	주위 사람이 나를 존경하는 것					
	주위 사람보다 인생을 즐기는 것					
	자신의 발전을 위해 노력하는 것					
자기 실현	성취감과 자부심을 느낀다					
	나의 삶은 행복하고 만족한다					

출처: 김병구(2012). Maslow 욕구이론을 통해 본 저소득 독거노인의 서비스만족에 관한 연구. 위덕대학교 석사학위논문.

채점하기

- 각 욕구별로 합산을 해서 문항수로 나누기
- 가장 평균이 높은 욕구 찾기: ____________ 욕구

욕구	합계	평균
생리적		
안전(안정)		
소속과 사랑(애정)		
자존(존중)		
자기실현		

내가 정의하는 인간관계는 어떤 것일까?

인간관계에 대해서 나는 어떤 믿음이나 신념을 갖고 있을까? 이것을 심리학적인 용어로는 대인신념이라 한다. 대인신념은 인간관계에 대해 가지는 믿음, 지적인 이해로서 인간관계에 영향을 미치는 개인의 신념이나 믿음이다. 이와 같은 대인신념은 아마도 우리의 다양한 직접 또는 간접 경험에 의해 만들어진다. 우리가 자주 사용하는 말 중에 '믿는 대로 행동한다'라는 말처럼 내가 어떤 대인신념을 갖느냐에 따라 인간관계에도 영향을 줄 수 있다. 대인동기가 대인행동을 결정하는 데 영향을 많이 주는 것처럼 대인신념 또한 대인행동을 결정하는 데 영향을 주는 요인이라 할 수 있다. 대인신념은 과거의 대인관계의 직접적 또는 간접적인 경험들이 축적되고 체계화된 것이며, 앞으로 맺게 될 타인과의 관계에 영향을 미치는 기초가 되기도 한다. 대인신념의 특성에는 어떤 것이 있을까?

첫째, 지속적이고 비교적 일관되게 지니는 사고 내용이다. 이는 대인신념만의 특성이 아니라 신념이라는 것 자체의 특성이기도 하다. '인간관계는 000이다'라는 것을 완성해 보거나 인간관계를 키워드로 마인드맵을 그려보면 내가 갖고 있는 대인신념을 살펴볼 수 있다. 예를 들면, 연인관계로 지내다 헤어지는 경우에 패턴을 분석해 보면 유사한 이유로 헤어진 경우가 많다. 또 아는 교수님 중에 한분은 항상 사람들이 친하게 지내다 마지막에는 연락도 잘 안하고 소원해진다는 말씀을 하셨다. 함께 알고 지내다 보니 다른 사람들이 왜 그렇게 행동했을지에 대해 살짝 이해가 되는 부분을 발견할 수 있었다. 다른 사람들이 본인의 어떤 점 때문에 불편해 하는지를 알게 된다면 바로 잡을 수 있을 텐데, 본인은 '친구는 이래야 하는 것'이라는 틀이 있고, 그 범위 내에서 사람을 대하다 보니 반복적으로 그런 일이 발생하는 것은 아닐까라는 생각이 들었다. 이처럼 대인신념에서도 어느 정도 안정적으로 보이는 부분들이 있는 듯하다.

둘째, 대인신념은 인간관계의 새로운 상황에서 기대나 예측의 근거로 삼을 수 있고, 새로운 경험의 의미를 해석하고 평가하는 근거가 될 수 있다. 친구 관계를 맺는 데 어려움이 없는 사람은 낯선 사람을 만나도 이렇게 저렇게 하면 친해질 수 있다는 신념을 가지고 있기에 그렇게 적용해 보면서 예측을 한다. 또 다른 사람의 행동을 보고 의미를 부여하고 판단할 때도 신념이 작동된다. 텔레비전 프로그램 중 '나는 자연인이다'라는 프로그램에 대해 들은 일화가 생각난다. 사람들이 접근하기 어려운 곳으로 들어간 자연인을 인터뷰한 내용인데, 처음에는 사람들이 접근하기 쉬운 곳에서 생활을 했는데, 작은 것들을 잘해 주는 사람들이 있었다고 한다. 그리고 어느 정도 친분이 생기고 난 다음에 이 자연인에게 커다란 것을 요구한 모양이다. 이때 자연인이 느낀 배신감은 엄청 컸던 모양이다. 그래서 이 자연인은 사람들이 더 접근하기 어려운 산 속으로 들어왔다는 이야기를 전해 들은 적이 있다. 이런 경우, 이 자연인은 다른 사람이 잘해 주는 행동에 대해 어떤 의미를 부여하고 어떤 판단을 하게 될까?! 우리가 인간관계에서 경험하는 다양한 경험들이 쌓이고 쌓이면 신념이 될 수 있다. 또 전해 들은 이야기처럼 간접적인 경험들도 우리의 신념 형성에 일조를 하기도 한다.

그렇다면 대인신념의 내용에는 어떤 것이 있을까? 첫째, 인간관계의 중요성에 대한 신념으로 인간관계를 중시하는 사람과 그렇지 않은 사람은 다른 대인행동을 보일 것이다. 인간관계를 중요하다고 믿는 사람은 인간관계에 더 많은 시간을 투자하고 노력을 기울일 것이다. 반면에 인간관계가 덜 중요하다고 믿는 사람은 그만큼 시간이나 노력을 덜 들이고 소극적인 성향을 보일 수 있을 것이다. 지난 이야기이긴 하지만 친한 후배가 있다. 독일에서 공부하면서 결혼식을 독일에서 하고 다시 한국에서도 했다. 나는 한국 결혼식에 초대를 받았지만 다른 일과 겹쳐서 아쉽게 못 갔었는데, 십오 년이 훌쩍 지나고 나서 안 사실에 놀라지 않을 수 없었다. 한국에서 결혼식을 할 때는 아는 지인 중심으로 초대를 했는데, 내가 못 갔다는 것이다. 지금 돌아보면 내가 그때는 인간관계에 우선순위를 덜 두었던 때인 것 같기도 해서 후배에게 다시금 미안했다. 다행인 것은 아직까지 서로 안부를 물으면서 가끔은 얼굴을 보는 사이라는 것이다.

둘째, 인간관계의 영역 중 어느 것을 더 중요하게 생각하느냐와 관련한다. 우리는 태어나면서 가족 관계, 친구를 사귀기 시작하면서 친구 관계, 이성관계, 직장에서의 인간관계 등 다양한 관계를 맺게 되는데, 어느 영역에 더 마음을 쓰고 에너지를 쏟을지는 내가 갖고 있는 대인신념에 따라 달라질 수 있다. 나의 경우를 살펴보면, 대학교와 대학원을 다니면서는 성당에서 주일학교 교사를 하며 많은 시간과 에너지를 썼던 기억이 있다. 성당에서 만나는 사람들과의 인간관계에 우선순위를 두었다. 그러나 지금의 나는 일명 '나이롱 신자'라는 표현이 딱 맞을 정도로 주일에 미사에만 참여하는 신자가 되었다. 또 지금은 계명대학교라는 울타리를 통해 만나는 여러 친한 교수님들 덕분에 직장이라는 영역에서의 인간관계의 비중이 커졌다. 함께 기뻐할 일이 있으면 축하해 주고, 개인적으로 힘들어 하는 부분이 있으면 최대한 이해해 주고 공감해 주고 같이 아파해 주는 편이다.

셋째, 인간관계를 맺는 방식에 대한 신념이다. 의도적인 노력 없이 자연스레 인간관계가 맺어지는 것이라고 믿는 사람이 있는가 하면, 어떤 사람은 공을 들여야 인간관계가 형성되고 유지된다고 믿는다. 결혼할 사람을 만나는 것에 대한 나의 신념이 있었다. 인연이 되면 내가 노력하지 않아도 만나질 것이라는 믿음이었는데, 그래서인지 아직까지 혼자이다. 이 부분에서는 나는 거의 노력을 안 했던 것 같다. 드라마에서처럼 어느 날엔가 우연히 멋진 사람이 나타나리라는 환상을 가졌던 것 같다. 지금은 인간관계에 자연스럽지만 공을 들이는 것이 필수라는 생각이 더 강하게 든다. 인간관계는 상호적이기 때문에 더 그런 듯하다.

생각해 봅시다

* 인간관계는 ______________________________ 이다.

* 인간관계는 ______________________________ 이다.

* 인간관계는 ______________________________ 이다.

* 인간관계는 ______________________________ 이다.

* 인간관계는 ______________________________ 이다.

* 인간관계는 ______________________________ 이다.

* 인간관계는 ______________________________ 이다.

* 인간관계는 ______________________________ 이다.

* 인간관계는 ______________________________ 이다.

* 인간관계는 ______________________________ 이다.

타인의 존재를 인정해 주는 방법: 스트로크

스트로크(stroke)는 심리학 이론 중에 교류분석(transactional analysis)에서 사용하는 용어이며, 번(Berne)은 스트로크를 인간으로 하여금 사회적 행동을 하게 만드는 기본적인 동기유발요인으로 보았다. 즉, 스트로크는 타인의 존재 자체를 인정해 주는 모든 행위, 인간관계를 맺으면서 타인과 서로 주고받는 자극이다. 스트로크가 없으면 살 수 없다. 긍정적인 스트로크가 없다면 부정적인 스트로크라도 있어야 살아갈 수 있다. 스트로크는 대인관계에서 이루어지는 모든 행위로 욕구에 의해 표현되는 심리적 감정을 포함하고 있고, 누군가가 자신을 알아주기 원하는 상태라 한다(김종호, 2010). 다양한 인간관계 속에서 서로 어떤 스트로크를 주고받느냐에 따라서 인간관계가 결정되고 행복이 결정된다.

스트로크의 종류는 긍정/부정, 언어적/비언어적, 조건적/무조건적으로 나눌 수 있다. 첫째, 긍정적 스트로크는 기분을 좋게 해 주며 삶의 의미를 느끼게 해 주고 건전한 정서를 경험하게 하며 자기 긍정-타인 긍정이라는 인생태도를 형성하게 한다. 예로는 웃기, 안아주기, 악수하기, 인사하기 등이 있다. 반면에 부정적 스트로크는 부정성을 유발하는 자극으로서 비행, 절도, 욕하기, 째려보기, 때리기, 짜증내기 등과 같은 것이다. 둘째, 언어적 스트로크는 '예쁘다, 재미있었니?'

와 같이 말로써 전해지는 것인 반면 신체적 스트로크는 아기 목욕시켜 주기, 로션 발라 주기, 포옹하기, 하이파이브 하기와 같이 신체적인 접촉을 통해 이루어지는 것을 말한다. 셋째, 조건적 스트로크는 어떤 요구나 행위를 충족했을 때 제공되는 것으로 성적을 잘 받으면 안아주거나 멋지다고 이야기해 주는 것이라면, 무조건적 스트로크는 조건 없이 제공되는 것으로 존재 자체를 인정해 주는 말이 해당된다. '네가 내 딸이어서 좋다'와 같이 표현해 주는 것을 말한다.

물론 무조건적으로 학대를 가한다면 무조건적인 스트로크와 부정적 스트로크가 결합된 것이다. 나를 위한 긍정적이며 언어적인 스트로크에는 '나 자신을 믿어, 난 잘 할 수 있어, 난 현명하다고 믿어, 내 삶의 주인은 나야, 나는 특별하고 소중한 존재야, 용기 내고 힘을 내, 나는 특별해, 나는 대단해, 나는 훌륭해' 등이 있다. 이처럼 스트로크의 여러 조합으로도 스트로크의 예를 제시할 수 있다.

한국교류분석협회에서 표준화한 스트로크 검사지를 백현옥(2013)이 수정 보완한 척도를 활용해 스트로크 관련 검사를 실시해 보자. 긍정적 스트로크 10문항과 부정적 스트로크 5문항으로 총 15문항으로 구성되어 있으며 Likert 5점 척도(1='매우 부정', 5='매우 긍정')로 체크하며 점수 범위는 긍정적 스트로크의 경우 10점~50점, 부정적 스트로크는 5점~25점으로 점수가 높을수록 긍정적이든 부정적이든 스트로크 교환이 많음을 나타낸다.

	문항	매우부정	약간부정	보통	약간긍정	매우긍정
1	학교나 가정에서 남의 수고에 대해서 쉽게 위로하고 감사할 수 있다.	1	2	3	4	5
2	어려운 일에 처한 사람을 너무 많이 돕기 때문에 가족이나 친구들에게 '자기 일외에 다른 일에 참견하는 일이 너무 많다'는 말을 자주 듣는다.	1	2	3	4	5
3	친구나 가족과 함께 등산이나 야외에 나갈 경우 내가 먼저 나가자고 해서 가는 일이 많다.	1	2	3	4	5

4	학교에 오고 갈 때 상대방보다 먼저 인사를 하는 편이다.	1	2	3	4	5
5	친구의 생일이나 가족의 생일 등을 잘 기억해 두었다가 축하를 해준다.	1	2	3	4	5
6	매우 곤란한 문제에 당면했을 때 바로 의논할 만한 사람이 있다.	1	2	3	4	5
7	다른 사람으로부터 고맙다든지 감사하다는 말을 많이 듣는다.	1	2	3	4	5
8	뜻밖의 사람으로부터 선물 등을 받아서 놀란 적이 많다.	1	2	3	4	5
9	성적의 향상여부와 관계없이 그 과정에 대한 노력을 인정하고 격려해 주는 사람이 많다.	1	2	3	4	5
10	나는 요즈음 다른 사람들로부터 인정받고 있는 편이다.	1	2	3	4	5
11	아는 사람을 만나는 것이 싫어서 아는 사람을 피하고 싶다.	1	2	3	4	5
12	상대방과 이야기하는 중에도 갑자기 다른 생각에 잠겨 있다가 상대방이 질문을 하여 제 정신을 차린 경우가 많다.	1	2	3	4	5
13	휴일에 하루 종일 혼자 지내도 고통스럽지 않고 가끔 친구가 찾아오면 부담을 느낀다.	1	2	3	4	5
14	회식이나 모임 등에 어쩔 수 없이 불참하게 되면 오히려 잘 됐다고 생각한다.	1	2	3	4	5
15	학교에서 점심식사를 할 때 사정이 있어서 혼자 식사하게 되면 해방감을 느낀다.	1	2	3	4	5

출처: 백현옥(2013). 청소년이 지각한 가족기능과 학교생활 적응 간의 관계에서 스트로크와 내외통제성의 매개효과. 목포대학교 박사학위논문.

스트로크의 종류	점수
긍정적 스트로크	
부정적 스트로크	

STEP
02

- 인간관계도 발전단계가 있을까?
- 첫인상은 5초 이내 형성된다
- 인상형성에 영향을 주는 요인
- 비언어적인 기술에는 어떤 것들이 있을까?
- 호감을 형성하는 4가지 상호작용 요인
- 잘 들어주는 것만으로도 문제의 70%가 해결된다
- 공감이라는 것
- 질문하기
- 나-전달법으로 표현하기
- 거절이 두려워 부탁을 못하는가?
- 대화기회 포착하기
- 설득을 쉽게 할 수 있을까?
- Right Now
- 습관 형성

인간관계를 돈독히 하며

인간관계도 발전단계가 있을까?

이제까지 다양한 인간관계를 경험해 왔을 것이다. 태어나자마자 엄마를 비롯한 가족과의 만남이 시작되면서 또래 관계, 친구 관계, 선후배 관계, 스승과 제자 관계, 동료 관계, 상사와 부하의 관계 등 다양한 인간관계를 맺고 살 수밖에 없다. 그러면 이러한 인간관계는 항상 같은 수준으로 발전하고 같은 단계로 발달할까? 이제까지의 인간관계를 형성하는 과정을 새겨보면서 같이 고민해 보면 좋겠다.

첫째, 누군가를 처음 만나면 그 사람과의 관계가 시작된다. 시작단계에서는 첫인상도 영향을 많이 줄 것이다. 몇 마디 나누거나 상호작용을 하면서 이 사람에 대해 더 알고 싶은지, 이 정도면 충분한지, 더 이상의 만남은 무리인지를 판단하게 된다. 관계의 진척 여부를 결정하는 단계라 할 수 있다. 즉 관계가 끝나거나, 통성명하고 인사하는 피상적인 수준으로 알고 지내거나 관계를 조금 더 발전시켜 보고 싶어 좀 더 알아가는 단계로 발전하게 된다. 첫인상이 좋았던 사람은 어떤 사람이었나? 또 한 번 보고 다시 만나고 싶지 않다고 생각한 사람이 있는가? 있었다면 어떤 면이 영향을 주었을까?

둘째, 실험 또는 탐색단계로 이 사람과의 관계를 계속 유지할 것인지를 판단하기 위해 상대방에 대한 정보(고향, 출신교, 직업, 관심 분야, 가족 관계 등)를 모으고 여러 번의 만남을 시도하면서 서로에게 맞추어가는 단계가 된다. 나와 코드가 맞는지 비교·판단해 가는 단계라 할 수 있다.

셋째, 심화단계에서는 이제 이 사람을 '아는 수준'에서 이 사람과 '친한 관계'로 넘어가는 단계라 할 수 있다. 이 단계에서는 상대방에게 관심을 기울이고 시간과 마음을 쓰며 관계를 발전시켜 나가기 위해 다양한 노력을 기울인다. 이를 통해 친밀감도 상승하고 신뢰수준도 높아지게 된다.

넷째, 통합단계로 심화단계보다 조금 더 발전해서 자기개방도 자유롭게 하고 둘만의 추억거리를 만들고 관계가 최고조로 되어 심리적으로 하나가 되는 단계이다. '아'라고 하면 상대방은 '어'라고 할 수 있을 만큼 척척 맞는 단계라 할 수 있다.

다섯째, 재협상의 단계로 대부분의 인간관계에서는 문제가 발생하고 위기를 경험하게 되는데, 이것을 적극적으로 이야기하며 해결하기 위해 노력하는 협상의 과정을 거쳐 성공적으로 해결이 되면 관계가 더 공고히 되기도 하지만, 타협점을 찾지 못하는 경우에는 관계를 청산하거나 피상적인 수준에 머무르는 단계로 되돌아가기도 한다.

여섯째, 동맹단계로 이 단계에서는 말이 필요 없을 정도로 서로에게 끈끈한 정이 생기고 때로는 의형제를 맺기도 하며 서로에 대한 책임과 의무를 다하려 노력한다.

지금은 이렇게 재미있는 대인관계 심리학이라는 과목을 강의하면서 인간관계의 중요성을 강조하고 다양한 방법으로 도움을 주려고 애쓰고 있지만, 나에게도 인간관계를 덜 중요하게 생각했던 때가 있었다. 고등학교 때까지의 친구 관계를 돌아보면 아마도 엄마가 많은 부분을 대신 채워주고 성격적으로도 내향형이어서 혼자여도 외롭지 않았기에 친구의 필요성을 많이 못 느꼈고 인간관계를 발전시키려고 노력하지 않았던 것 같다. 그래서 피상적인 수준의 인간관계를 많이 맺었다. 오히려 친구 관계는 박사과정에 들어와서 더 빛을 발하게 된 듯하다. 석사과정을 마치고 박사과정이 개설되지 않아 기다리고 있던 선, 후배와 함께 공부하면서 오히려 이전과는 다르게 폭넓은 인간관계와 인간관계의 깊이가 깊어졌다. 다른 전공의 후배들과도 교류할 기회가 생기고 수업 마치고 함께 식사하고 수업 준비를 하며 동고동락하며 인간관계에 대한 발전 단계를 경험하게 되었다. 현재는 동맹단계까지도 형성이 되었으니.... 일곱 명의 멤버들과 미국, 서울, 대구 이렇게 떨어져 있으면서도 서로의 안부를 묻고 생일을 축하해 주면서 언제든 소통할 수 있고 도움을 주고받고 있다.

우리 대학에서도 2006년에 처음 낯선 대구에 왔기에 나의 인간관계는 폭으로는 꽤 협소했다. 연구실이 붙어 있어 우연하게 친해진 교수님과는 통합단계 정도까지 발전해서 서로 신뢰하고 서로의 고민도 나누며 거의 15년이 되어가는데도 서로 토닥여 주며 잘 지내고 있다. 그리고 같은 단대 교수님들과도 한 배를 탔으니 다른 단과대학의 교수님들보다는 친할 수밖에 없지만 심화단계까지 발전하기는 쉽지 않은 듯하다. 물론 같은 단과대학에서도 같은 영역 교수님들과는 근접성 덕분에 심화단계나 통합단계로 발전하기가 쉽기는 한데, 어떤 사건이 생겨서 문제가 잘 해결되지 않거나 심한 상처를 주고받는 경우에는 회복이 쉽지 않아 피상적인 수준으로 돌아가기도 한다. 나의 경우처럼 언제, 어디서, 누구와, 어떤 상황에서, 어떤 관계로 만나게 되느냐에 따라 인간관계의 발전단계도 다르게 경험하는 듯하다.

여러분의 인간관계는 어느 수준인지 점검해 보면 좋을 듯하다.

관계 영역	인간관계 수준(단계) / 이유
가족 관계	
친구 관계 / 선후배 관계	
이웃과의 관계	

동료 관계 (아르바이트나 인턴십)	
종교단체와의 관계	
스승과 제자 관계	
기타(　　　　　　)	

첫인상은 5초 이내 형성된다

다른 사람과 상호작용을 시작하면 상대방에 대한 이미지를 형성하게 된다. 즉 인상을 형성하게 된다. 이처럼 다른 사람의 속성에 대한 지각을 대인지각이라 한다. 대인지각은 상대방의 외모, 말, 행동 등의 다양한 정보로부터 심리적인 상태나 사회적인 상태를 판단하는 능력이라 할 수 있다.

대인지각과 관련해서 가장 먼저 떠오르는 것이 첫인상이라 할 수 있다. 이전에 스펀지라는 코너에서 첫인상과 관련해서 실험한 내용을 방송했다. 비호감 얼굴과 호감 얼굴을 0.03초 정도의 정말 짧은 시간 동안 연예인에게 보여주고 호감과 비호감을 구분해 보도록 했다. 그런데 놀랍게도 거의 모든 연예인들이 정확하게 구분을 했다. 이처럼 첫인상은 순간에 형성이 된다고 볼 수 있다. 학자에 따라서는 3초 이내라고 하기도 하고, 5초 이내라고 하기도 한다. 그리고 초두효과(primacy effect)라 해서 처음에 형성된 이미지가 나중에 형성된 이미지보다 더 강력하게 영향을 줄 수 있다. 따라서 첫인상이 중요하다.

대인관계를 잘 하려면 첫인상을 잘 관리하는 것은 정말 중요한 부분이다. 나의 첫인상은 어떤지 생각해 보면 좋겠다. 처음 만난 누군가에게서 들었던 나의 이미지를 한번 떠올려 보면 어떨까? 혹시 자신의 첫인상이 떠오르지 않는다면 가까운 지인들에게 '나를 처음 만났을 때 첫인상은 어땠어?'라고 물어보는 것도 방법이 될 수 있다.

나의 경우에는 외부 기관에서 의사소통이나 상담기법 등을 주제로 강의를 많이 해 왔는데, 이런 주제를 다룰 때 청중들에게 나의 첫인상에 대해 질문을 던지면 "부드럽다, 온화하다, 목소리가 좋다, 예쁘다(?), 친절하다"라는 이야기를 많이 한다. 워낙 웃는 얼굴이어서 첫 인상이 좋다는 이야기를 많이 들어 왔다.

나의 첫인상은?

첫인상을 잘 관리하기 위해서 고려할 것에는 어떤 것들이 있을까? 첫인상을 평가하는 요소 중에 외적인 부분이 80% 이상을 차지하고 목소리, 행동, 표정이 20%를 차지한다. 따라서 외모를 제외한 20%를 극대화하는 것이 중요하다. 미소 짓기, 이름 기억하기, 겸허한 말투, 따뜻하게 수용해 주는 눈빛, 유머 등이 방법이 될 수 있다. 물론 이런 부분까지 타고난다면 더할 나위 없이 좋겠지만 그렇지 않다면 노력으로 만들어 가야 한다. 웃는 얼굴이 아닌 경우에는 거울을 보고 미소 짓는 연습을 하는 것도 좋고, 너무 튀거나 자기주장이 강한 표현보다는 겸손한 말투를 사용하고 재미있는 표현 등을 배워서 사용해 보면 도움이 될 수 있다.

초두효과와는 달리 첫인상에 영향을 주는 요인으로 신근성 효과(regency effect)가 있다. 신근성 효과는 마지막에 제공된 정보가 첫인상에 더 크게 영향을 주는 것을 말한다. 따라서 인간관계에서 시작과 끝이 모두 중요하다고 볼 수 있다.

인상형성에 영향을 주는 요인

다른 사람을 만나자마자 동시에 첫인상을 비롯해 인상형성이 시작된다. 그렇다면 인상형성에 영향을 주는 요인에는 어떤 것들이 있을까? 즉 타인으로부터 좋은 인상을 형성하기 위해 노력할 부분에는 어떤 것이 있을까?

첫째, 신체적인 특성이 먼저 떠오른다. 신체적 특성으로는 키, 얼굴 생김새, 몸무게, 체형, 체격, 피부색, 머리색, 건강상태 등이 있으며, 인상형성 조건 중에서 가장 변화시키기 어려운 부분이다.

둘째, 옷차림과 치장으로 보석, 옷, 자동차, 가방, 신발 등과 같은 것이다. 이와 같은 것으로 변화가 어려운 신체적인 특성 중에 변화를 꾀하도록 도울 수 있다. 예를 들면, 염색이나 스타일에 변화를 줌으로써 다른 이미지를 만들 수 있고, 옷도 캐주얼하게 입느냐 정장으로 입느냐에 따라 다른 인상을 형성할 수 있다. 내가 아는 교수님 중에는 FM이라고 할 만큼 늘 헤어스타일이 같고 옷도 정장틱하게 입으시는 분이 계시다. 그래서 아는 교수님끼리는 감탄을 하며 노하우를 묻기도 하지만 내가 그렇게 되기는 어렵다는 결론을 내린다. 각자의 스타일이 있는 것 같다. 이 부분과 관련해서 나는 특별한 이미지를 만들고 싶은 날은 귀걸이를 활용하기도 한다. 늘 캐주얼하게 입고 다니지만 외부 강의가 있거나 행사가 있으면 정장 아닌 정장을 차려입기도 한다. 나의 인상을 좋게 하기 위한 노력의 일환이라 할 수 있다.

셋째, 언어적 기술은 말의 톤, 속도, 음량, 음색, 강약 등과 같이 말을 전달하는 방식과 관련한 부분이다. 이런 것을 부언어(paralinguistics)라 하는데, 의미를 전달하는 수단으로 언어적 의미가 없는 음성적 행동을 말한다.

넷째, 비언어적인 부분들로 얼굴표정, 손동작, 행동, 시선과 같은 몸짓이 해당된다. 이는 신체언어라 표현하기도 한다. 얼굴표정은 의도적으로 활용할 수도 있지만 무의식적으로 감정을 표현해 주기도 한다. 이와 같은 몸짓 언어를 보고 인상을 형성할 수 있다. 강의실에 여러 명의 학생 중에 특히, 얼굴표정이 밝은 학생들이 많은 분반의 강의는 같은 내용을 가르치지만 다른 분반에 비해 힘든 줄 모르고 하게 된다. 가끔은 그 수업을 생각하면 저절로 미소가 지어지기도 한다. 가끔 발표를 할 때 유난히 손동작을 많이 쓰는 학생들이 있는데, 그런 학생들은 자신감 있어 보이고 많이 준비한 느낌을 받는다.

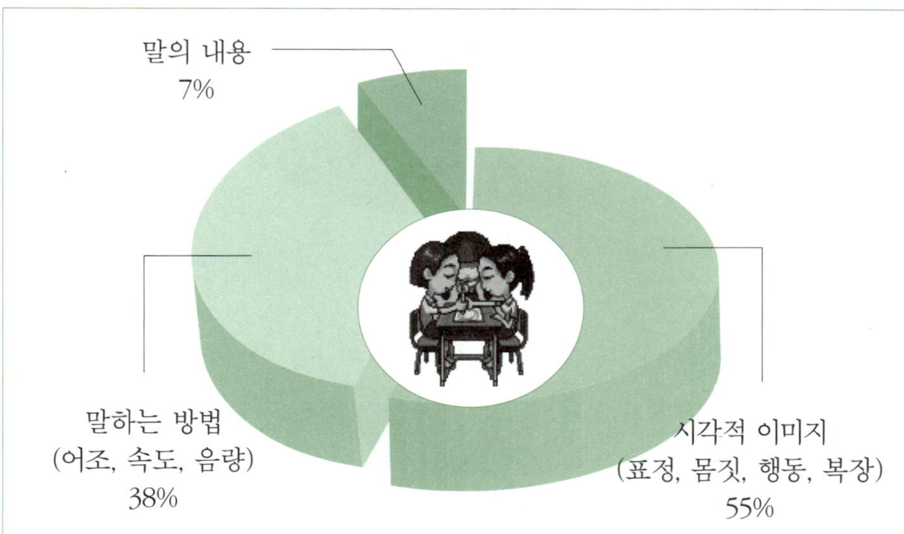

메러비언 교수가 이야기한 커뮤니케이션의 3요소를 살펴보자. 다른 사람과 의사소통을 할 때 말의 내용은 7% 정도를 차지하고, 어조, 속도, 강약, 음량 등과 같은 말하는 방법이 38%를 차지하고, 나머지 55%는 시각적인 이미지로 표정, 몸짓, 행동, 옷 등이 차지한다고 한다. 의사소통의 요소 중에 많은 비중을 차지하는 것이 비언어적인 기술이다. 친구 간에 다툼이 일어날 때 자주 하는 말이

"내가 지난 번에 이야기했잖아. 왜 기억을 못 해?"인데, 내가 전하려는 말의 내용 7%를 어떤 방식으로 어떤 시각적 이미지로 전달했느냐에 따라 기억할 수도 있고 기억하지 못할 수도 있다. 따라서 내가 말하고 싶은 내용을 잘 전달하고 싶다면 나머지 93%를 잘 유의해서 전달하면 좋을 듯하다. 표정에서 사람의 속마음을 알아차릴 확률을 살펴보면, 친한 사람의 경우에는 70%이고, 안 친한 사람의 경우에도 60%라고 한다. 처음 만난 사람도 나의 표정을 보고 내 마음이 어떤지를 알아차릴 가능성이 꽤 높다. 따라서 표정관리도 필요한 것 같다.

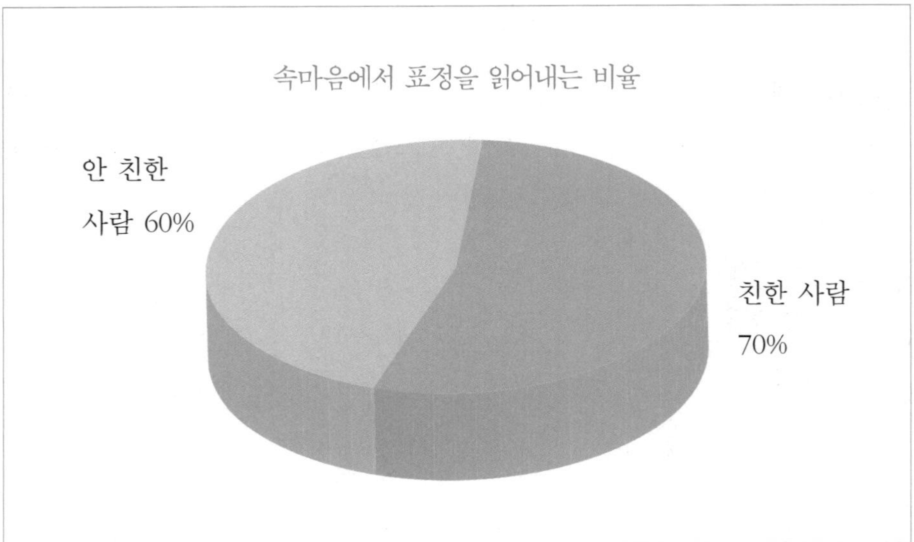

그리고 커뮤니케이션과 관련해 '지식의 저주'라는 개념을 이해하면 도움이 될 듯하여 소개해 보고자 한다. 지식의 저주는 많이 알고 있는 사람이 그것에 대해 모르거나 적게 알고 있는 사람의 처지를 헤아리지 못하고 본인처럼 잘 알고 있다고 생각하며 저지르는 실수를 일컫는 말이다. 강의하면서 '이 정도는 대학생이니까 알고 있겠지'라고 생각하여 기초적인 개념이나 정의를 생략하고 조금 더 심도 있는 내용을 설명하면 학생들이 이해하지 못했다는 표정을 짓기도 한다. 또 동사무소나 은행에서 서류를 작성해야 할 때 형광펜으로 표시해서 이 부분을 작성해 달라고 서류를 건네 줄 때 어리둥절한 경험이 있을 것이다. 늘 담당하는 업무인 담당자는 '척하면 척'일 테지만, 어쩌다 한 번씩 작성하는 그리고 생소한 입장에서는 무슨 말인지 이해를 못 할 수도 있다. 그런 경우에 추가적인 설명 없이 서류만 건네 준다면 당황스러울 수밖에 없을 것이다.

이외에도 인상형성에 상호적으로 영향을 주는 요인이 몇 가지 있다. 이를 추가적으로 살펴보면 다음과 같다.

첫째, 후광효과(halo effect)는 어떤 사람이 갖고 있는 한 가지 매력이나 장점을 부각하여 감추어진 다른 성격 특성들까지 긍정적으로 평가하는 것이다. '아우라'라고 하는 이야기를 들어본 적 있을 것이다. 특히 연예인이나 유명 인사들에게 이런 말을 자주 한다. 연예인이라는 이름만으로 다른 것들이 다 좋아 보이는 것도 후광효과라 할 수 있다. 강의실에서 학생들과 수업을 마치고 나면 재미있는 강의라고 피드백하는 학생들은 그 외의 나의 특성들에 대해 친절하고 사교적일 것이라고 생각하는 경우가 많이 있다. 이것도 후광효과의 한 예라 할 수 있다. 어떤 정보는 맞을 수도 있고, 또 다른 정보는 틀릴 수도 있는데, 일단은 다 긍정적으로 평가를 한다. 일상적인 예로는 금테 안경 쓴 사람을 지적으로 보는 것, 또 구직자 중에 출신 학교가 좋으면 성실하고 일을 잘할 것이라고 생각하는 것, 얼굴이 잘생긴 사람을 보면 예의도 바를 것이라고 생각하는 것 등이 있다.

에드워드 손다이크(Edward Lee Thorndike)가 군인을 대상으로 1차 세계대전에 지휘관들에게 병사 개인의 역량을 평가하게 하는 실험을 했다. 결과는 체격이 좋고 품행이 단정한 병사를 리더십도 높고 지성도 높은 것으로 평가한 것으로 나타났다. 이는 후광효과를 발견한 대표적인 연구로 꼽힌다. 또 2014년에 프란치스코 교황이 한국을 방문했을 때 '기아 쏘울 차'가 의전 차량이었다. 교황님이 탔다는 후광효과로 수출과 판매량이 상승한 사례도 있다.

둘째, 후광효과와는 반대로 못생긴 외모나 부정적인 외모나 이미지 때문에 그 사람의 다른 특성들을 부정적으로 인식하는 것을 악마효과라 한다. '얼굴이 못생긴 것을 보면 성격도 모가 났을 것 같다', '인상이 우락부락한 것을 보니 친교적인 성향은 없어 보이네'와 같이 한 가지 단서로 다른 것까지 부정적으로 생각하는 것을 악마효과라 한다. 첫인상이 나쁜 사람들이 약간 손해를 보는 경우가 이 악마효과 때문일 수 있다.

셋째, 방사효과는 매력적이거나 권위 있는 사람과 함께 있으면 다른 사람들이 자신을 지위나 자존심이 높은 것으로 인식하는 것을 말한다. 연예인의 팬클

럽도 그 연예인과 동일시하고 같은 위치에 있는 듯한 평가를 받을 수 있기에 방사효과의 하나라 할 수 있다. 국제 학술대회에서 저명한 학자들과 사진 한 컷을 찍어 소장하려는 것, 학생들이 교수님과 친하게 보이려는 것, 인지도 있는 사람과 친분 관계임을 증명하는 것 등이 방사효과의 예라 할 수 있다.

넷째, 대비효과도 인상형성에 영향을 주는 것 중의 하나이다. 나보다 특출한 사람과 함께 있으면 같은 수준의 높은 평가를 받기도 하지만 때론 나보다 못한 사람과 함께 있으면서 부각이 될 수도 있다. 이것이 대비효과로 낯선 사람과 있을 때는 오히려 매력 없는 사람과 함께 있는 것이 좋은 평가를 받거나 상대적으로 주목받게 해 준다.

그래서 매력적인 사람을 친구나 연인으로 선택하고, 낯선 사람과 있을 때는 덜 매력적이거나 비호감인 사람과 있는 것이 유리하다고 한다.

비언어적인 기술에는 어떤 것들이 있을까?

2002년 한국에서 월드컵이 한창일 때 붉은 악마 티를 입고 하나가 되어 응원했던 기억이 난다. 그해 워드컵이 끝나고 얼마 안 되어 여름방학에 대학생들을 인솔하면서 함께 3주간 하와이 주립대학으로 어학연수를 갔었다. 오전에는 수업을 듣고 오후에는 매일 와이키키 해변과 주변을 관광하고 다녔다. 처음 출발할 때는 많은 경험도 하고 책도 좀 사서 오리라는 희망을 가지고 갔었으나, 책은 가격이 비싸서(우리나라에서 사는 것과 별반 차이 없을 정도) 몇 권 사오지 못했다. 몇 권 사온 책 중에 지금도 강의하며 잘 활용하는 책이 “How to start a conversation and make friend”이다. 대화의 시작과 친구를 사귀기 위해 어떻게 시작할지에 대한 내용을 담고 있는데, 이 중에서 비언어적인 몸짓에 대해 설명해 놓은 부분을 참고로 소개해 보고자 한다. 커뮤니케이션 강의에서 여러 강사들이 활용하는 내용이기도 하다. 우선 아래 표에 첫 글자로 된 단어를 완성해 보면 좋겠다. 물론 모두 비언어적인 제스처와 관련한 단어들이다.

비언어적인 제스처(SOFTEN)

S =

O =

F =

T =

E =

N =

S는 무엇의 약자일까? Smile이다. 우리 속담엔 '웃는 얼굴에 침 못 뱉는다'라는 말이 있다. 입술을 다문 채 긍정적이고 신비한 듯한 미소는 대화 분위기를 부드럽게 하고 불안감을 감소시켜 준다. 그러나 상대방이 고민스러운 이야기를 할 때는 미소를 짓는다는 것이 살짝 어색해 보일 수 있다. 이럴 때는 간간이 미소를 지어주는 것이 좋을 듯하다. 사람들이 멋쩍은 웃음을 지을 때는 당황스러움이나 동요가 일어날 때라고 한다.

아이들은 하루에 평균 400번 웃고, 행복한 사람들은 하루에 40~50번 정도 웃으며, 보통 사람은 평균 20번 웃는다. 웃음과 매력이 상관있다는 연구결과들이 있다. 스위스 베른대학 제시카 골레(Jessika Golle) 연구팀은 미소 짓는 얼굴부터 웃는 얼굴까지 다양한 사진을 보여준 후 어떤 사람이 더 매력적인지를 물어본 결과, 활짝 웃는 사람이 더 매력적이라고 응답했다. 미소에도 억지로 웃는 억지미소 또는 팬 아메리칸 스마일(Pan-American Smile), 웃는 미소 또는 뒤센 미소(Duchenne smile)가 있다. 팬 아메리칸 스마일은 팬 아메리칸 항공사의 승무원들이 손님에게 지었던 억지 미소에서 유래한 것이다. 고객을 응대하는 많은 사람들의 웃음이 많은 경우 가짜미소로 알려졌다. 반면 뒤센미소는 프랑스 의사 기욤 뒤센이 발견하여 이름 붙여졌진 것으로 눈가에 잔잔한 주름이 생기고 입꼬리가 올라가는 특징이 있다.

"행복은 미소에서 인상을 찌푸린 것을 뺀 것과 같다."
- 애플 공동창립자 스티브 워즈니악(Steve Wozniak) -

O는 무엇의 약자일까? Open Arms이다, 팔짱 대신 팔을 살짝 자연스럽게 펴는 것을 말한다, 팔짱은 권위주의적이고 방어적인 느낌을 주어 상대방과 대화가 잘 안 될 것이라는 사인으로 해석되기도 한다. 따라서 팔짱이 자연스러운 사람들은 상대방에게 너무 위압적으로 비쳐지지는 않을지를 고민하면서 자신의 비언어적인 자세를 돌아볼 필요가 있다.

F는 무엇의 약자일까? Forward Lean이라고 한다. 몸을 앞으로 기울여주는 자세로 이야기하는 상대방에게 또는 그의 이야기에 관심 있다는 것을 표현해 주는 몸짓언어이다. 어렸을 때 텔레비전에서 하는 만화를 볼 때 형제들이 쪼르륵 앉아서 보다가 자꾸 텔레비전 쪽으로 갔던 기억은 없는지? 좋아하는 또는 재미있는 프로그램을 볼 때 나도 모르게 몸이 앞으로 기울어지는 경험을 하게 된다. 누워서 보다가도 벌떡 일어나기도 하고.... 반대로 상대방이 대화 중에 몸을 뒤로 기울인다면 '뭔가 탐탁지 않다'는 것을 표현하는 것일 수도 있다.

T는 무엇의 약자일까? Touch이다. 이것은 상대방이 힘들어할 때 어깨나 등을 토닥여 주고, 손을 토닥여 주거나 악수해 주고, 눈물 닦아 주는 등등의 행동이다. 몇 년 전 인턴이라는 영화를 보면서 상담자들에게 필수품은 '손수건'이라는 말을 자주 하고 다닌다. 누군가 눈물지을 때 휴지나 손수건을 건넬 수 있도록 준비를 하고 다니면 좋을 듯하다.

E는 무엇의 약자일까? Eye Contact이다, 상대방과 잘 호응하며 대화를 잘하는 사람을 살펴보면 눈 마주침을 잘하는 것을 쉽게 발견할 수 있다. 부담스럽지 않으면서 자연스럽게 시선을 둘 수 있으면 제일 좋다. 눈 맞춤은 대인관계 기술 중에 가장 기본일 수 있지만 때론 마음의 상처로 눈 마주침이 어려운 경우가 있다. 우울이나 학대나 폭력을 당한 학생들을 가끔 상담하다 보면 책상 밑을 쳐다보거나 고개를 푹 숙이고 작은 목소리로 대답만 겨우 하며 눈 맞추기를 어려워 하는 경우가 많았다. 아는 사람 중에 눈 마주침이 자유롭지 못한 경우에는 다른 어려움이 있는 것은 아닌지 살펴보는 것도 좋을 듯하다. 시선은 상대방을

향해 고정되어야 한다. 상대방의 얼굴에서 약간 빗겨나간 방향으로 시선을 주는 것이 바람직할 것이다. 그러나 상대가 중요하거나 책임있는 말을 할 때는 다시 상대방의 얼굴로 시선을 복귀시키는 것이 중요하다. 시선을 비낄 때는 상대의 입술 아래 즉, 목과 넥타이 부분으로 시선을 향하는 것이 좋다. 특히, 상대방이 관찰당한다는 느낌을 받지 않도록 해야 한다. 눈동자의 방향으로도 상대방의 생각을 미루어 짐작할 수 있다. 눈동자가 오른쪽 위를 쳐다보는 듯하면 미래를 생각하고 있고, 왼쪽 위를 응시하면 과거를 생각하는 것으로, 그리고 위를 응시하면 생각을 정리하는 것으로 몸짓언어를 해석한다. 시선을 갑자기 밑으로 내리는 것은 자신의 생각에 몰두해 생각을 정리하는 것이며, 시선의 방향을 이리저리 옮기는 경우는 불안감이나 경계심을 나타낸다고 한다.

N은 무엇의 약자일까? Nod이다, 상대방의 이야기를 들으면서 가끔 고개를 끄덕이는 것은 극히 자연스러운 일이며 대화의 분위기와 흐름에도 도움이 된다. 그러나 아무 말에나 고개를 끄덕이는 것은 바람직하지 않다. 솔직하고 책임 있는 말을 할 때 끄덕여 주는 것이 좋다. 고개를 끄덕인다는 것이 반드시 상대방의 말에 찬성하는 것은 아니다. 이는 '무슨 말인지 알겠다' 또는 '아, 그렇게 생각하는군요. 더 말씀을 하시지요'라는 의미로 활용될 수 있다.

비언어적인 제스처(SOFTEN)

S = Smile

O = Open Arms

F = Forward Lean

T = Touch

E = Eye Contact

N = Nod

이외에도 입술을 다물 때는 어떤 결정이나 판단을 나타내고, 손가락으로 입술을 문지르는 행동은 마음의 불안을 극복하고 평정을 찾으려는 의도를 나타낸다고 한다. 양손을 꽉 쥐는 경우(긴장 표현), 양손 깍지(예의, 용서나 간청 표현), 다리를 흔들거나 구르는 행동(초조감을 감추기 위한 행동) 등이 있다.

호감을 형성하는 4가지 상호작용 요인

생각해 봅시다

* 호감이라는 단어를 들으면 떠오르는 사람은 누구인가요?
  어떤 특성을 갖고 있나요?

* 반대로 비호감이라는 단어를 들으면 생각나는 사람은 누구인가요?
  어떤 특성을 갖고 있나요?

호감을 갖는다는 것은 어떤 의미가 있을까? 많은 경우 아직 친한 관계는 아니지만 겉에서 보이는 외모와 같은 특성으로 긍정적인 느낌을 갖는 경우가 있다. 또한 친해지면서 이전에 긍정이나 부정의 감정을 몰랐던, 그리고 잘못 생각했던 부분이 수정되면서 긍정적인 느낌이 증가하게 되기도 한다. 인간관계 초기에는 호감도 첫인상과 관련이 깊을 수 있다. 호감은 시간이 지나면서 상대가 지닌 성격적인 특성이나 환경적인 조건의 영향을 많이 받게 된다.

인간관계의 대상을 선택하는 개인의 특성들을 연구한 Goodwin(1990)의 연구에 따르면, 영국의 대학생들과 데이트하는 사람들이 상대의 선호하는 성격 특성으로 친절함, 정직, 유머, 사려 깊음을 선택했다. 그리고 다른 연구에서는 성실성, 정직함, 진실함, 이해심 많음, 사려 깊음, 책임감, 따뜻함 등을 선호하는 성격 특성으로 제시했다. 물론 문화적인 차이나 시대의 변화에 따라 그리고 개인 차이 등에 따라 이런 변인들이 달라질 수 있을 것이다. 나의 성격 특성 중에 이런 특성들은 얼마나 있는지 그리고 내가 선호하는 사람들의 특성에는 어떤 것들이 있는지 살펴보면 좋겠다.

그렇다면 호감에 영향을 주는 요인에는 어떤 것들이 있을까? 흔히 근접성, 호혜성, 유사성, 상보성의 네 가지로 설명할 수 있다.

첫째, 근접성은 같은 지역에 거주하거나 학교나 직장처럼 일하는 공간이 일치하거나 밀접하게 관련 있거나 자주 볼 수 있는 상황에서 호감이 증가한다는 것이다. 대학에 입학하고 얼마 안 되어 캠퍼스 커플, 학과 커플이 생기는 것도 근접성의 원리가 작용한 것이라 할 수 있다. 같은 학과에서 같은 수업을 듣고 동선이 비슷하게 움직이다 보면 친해질 기회가 더 많아진다. 같은 동아리에서 커플이 나오는 것도 비슷하게 볼 수 있다. 나의 경우도 옆에 연구실에 계신 교수님과 가장 친하게 지내고 있다. 또 같은 단과대학 교수님 중에도 다른 건물에 연구실이 있는 교수님들보다 같은 건물에 연구실이 있는 교수님들과 더 친밀하고 호감을 느끼는 것 같다.

둘째, 호혜성은 나를 좋아해 주는 사람에게 나도 좋아하는 감정을 느끼는 것으로 '이에는 이, 눈에는 눈'처럼 호감은 호감을, 비호감은 비호감을 낳는 것과 관련이 있다. 괜히 '주는 것 없이 미운 사람', '정이 안 가는 사람이 있다'는 말을 하곤 하는데, 이것도 어찌 보면 호혜성의 원칙이 적용된 것일 수 있다. 그쪽에서 나를 바라보는 것이 정이 안 가게 미워하며 보기에 나도 그렇게 보는 것일 수 있고 반대로 내가 부정적으로 보는 것이 전해져 관계가 긍정적으로 발전할 기회가 없어지는 것일 수도 있다. 개인적으로는 신부님이나 수녀님에 대한 호감이 높은 편이다. 성직자라는 타이틀이 주는 호감도가 있는 듯하다. 그래서인지 우연히 알게 된 수녀님이나 신부님과 거의 좋은 관계를 맺게 된다. 호혜성의 예외가 튕기기 전략이라고 한다. 예를 들면, 상대가 긍정적으로 호감을 표현하며 다가오면 반대로 관심 없는 척, 쉽게 넘어가지 않는 사람이라는 것을 보여주면서 호감을 증가시키는 것을 말한다.

셋째, 유사성은 끼리끼리와 관련한 것으로 여러 가지 면에서 유사성이 높을수록 호감도가 상승한다는 것이다. 대학 선후배로 구성된 모임이 하나 있다. 학과는 같지만 서로 세부 전공은 살짝 다르긴 하다. 그러나 많은 유사점들이 있다. 일단 멤버 모두 각자의 전공으로 공부(연구)를 하고 있고 학교라는 공간에 속해 있고(미국과 한국이라는 차이는 있지만) 서로를 마음으로 응원하고 기념일을 챙기며 좋은 관계를 유지하고 있다. 또한 계명대에 2006년에 와서 처음에는 자율전공부 소속으로 두 명의 교수밖에 없다가 2012년 교양교육대학으로 소속이 변경되면서 많은 교수님들과 함께할 기회가 많아졌다. 그 안에서 같은 영역 교수님들이 더 호감이 간다. 물론 타 영역을 배타적으로 보거나 비호감으로 보는 것은 아니다. 또 동갑인 교수님들과 더 친밀함을 느끼고 호감을 표현한다. 몇 년 전에는 3명의 여자 교수님과 2명의 남자 교수님과 동갑내기로 교수커뮤니티 활동을 했을 정도로~ 무언지 모르는 유사함이 주는 편안함이 있는 것 같다.

넷째, 상보성은 나의 결핍, 부족한 부분이나 욕구를 충족시켜 줄 수 있는 사람에게 호감을 느끼는 것을 말한다. 유사성과는 살짝 다른 부분인 듯하다. 예전에 내가 끌리던 사람은 나의 성향과는 완전 다른 사람이었던 것이 생각난다. 나에게는 진지함이나 정의로움 등이 살짝 부족한데 그런 부분을 지닌 사람이 있어 호감을 가졌던 기억이 난다. 그러나 결혼할까라는 생각을 했을 때 이런 부분이 장벽으로 느껴지기도 했다. 여러분이 호감을 갖는 사람을 떠올려 보고 어떤 요인이 호감 형성에 더 크게 영향을 주고 있는지 살펴보면 좋을 듯하다. 어떤 한 가지 요인이 특별히 영향을 줄 수도 있지만 여러 요인이 함께 영향을 줄 수도 있다.

잘 들어주는 것만으로도 문제의 70%가 해결된다

2012년 신동엽씨가 대상을 수상했을 때 신문 헤드라인의 제목이 눈길을 끌었다. "신동엽" 10년 만에 대상… 그 비법은 경청(스포츠동아, 2012. 12. 14.)이라는 것이었다. 신동엽은 잘 들어 주는 진행자의 역할을 하고 있으며, 그 역시 "말을 잘하기 위해서는 먼저 잘 듣는 것이 중요하다"라고 한다. 그렇다면 경청이란 무엇일까? 상대방을 그 순간과 그 자리의 중심에 두고 집중하는 자세 (생명평화마중물, 2008)이며, 겉으로 드러난 바람뿐만 아니라 감정, 표현하지 않은 속마음에도 귀를 기울이는 것이며, 말뿐만 아니라 비언어적으로 표현되는 것까지 잘 들어 주는 것이다. 그렇다면 어떻게 해야 경청을 잘할 수 있을까? 귀 기울여 듣고, 상대방의 말을 중간에 자르지 않고, 평가나 판단을 하지 않고, '아, 그래, 그랬니? 저런, 고개 끄덕이기' 등과 같이 언어적, 비언어적으로 반응을 보여주는 것이다. 그 외에 재촉하지 않기, 나서고 싶어도 참기 등이 있다.

그렇다면 경청을 방해하는 요소에는 어떤 것들이 있을까? 듣고 싶은 것만을 선별적으로 귀 기울이는 경향, 다음 할 말을 미리 생각하느라 말하는 사람에게 집중하지 못하는 것, 질문을 많이 던지는 것, 너무 많은 이야기를 늘어놓는 것, 그리고 이야기를 하기도 전에 바로 조언, 충고, 제안 등을 함으로써 경청을 하지 못하는 경우가 있다.

내가 석사를 졸업하고 학과의 교원 수가 부족해서 박사과정에 바로 진학할 수가 없었다. 졸업한 선배들도 기다리고 있다가 한 번에 같이 진학을 하게 되었다. 새로 부임해서 오신 교수님이 처음 맡으신 과목이 통계와 관련한 과목이었다. 그러나 수강생 대부분 각자 일을 하고 와서 공부를 하는 경우가 많았던 터라 모두 피곤하기도 하고 통계를 싫어하기도 해서 집중을 잘 못했다. 상담을 전공한 나는 어땠을까? 앞자리에 앉아 열심히 고개를 끄덕이며 반응을 했다. 지금 생각하면 알면서 그랬다기보다는 상담을 하다 보니 습관처럼 고개 끄덕임이 자연스럽게 나온 행동일 수도 있다. 나중에 졸업을 하고 교수님과 친해진 후에 알게 된 사실은 강의하면서 잘 들어주고 고개를 끄덕여 주던 내가 있어서 강의를 할 수 있었다는 것이다. 이처럼 경청은 상대방으로 하여금 말하게 하는 힘이 있다.

또 여러 명이 모여 회의할 때도 눈 마주침을 잘 하고 고개를 끄덕이며 호응을 잘 하는 편이라 이야기하는 사람들이 나를 보며 이야기하곤 한다. 그래서 본의 아니게 주목받게 되기도 한다. 그래서 인간관계를 잘하고 싶다면 말을 많이 하기보다는 그리고 자기주장을 강하게 펼치기보다는 먼저 잘 들어주고, 이야기를 잘 듣고 있음을 알리는 것이 중요하다. 그리고 고개를 끄덕여주거나 '아, 네' 등으로 맞장구를 치는 것이다. 강의 중에도 교수님과 잘 지내고 싶거나 내가 누구인지를 알리고 싶다면 고개를 끄덕여 주고 똘망똘망하게 눈 마주침을 잘 한다면 효과적일 수 있을 것이다.

이청득심(以聽得心)이라는 말이 있다. '상대방의 이야기에 귀를 기울이면 사람의 마음을 얻을 수 있다'는 뜻이다. 그리고 독일의 철학자 헤겔도 "마음의 문을 여는 손잡이는 바깥쪽이 아닌 안쪽에 있다"고 했다. 즉 상대방이 스스로 손잡이를 돌려 마음의 문을 열고 나올 수 있도록 상대에게 귀기울여 주고 배려하고 존중하는 것이 필요하다. 그런 뒤에야 상대방의 마음을 얻는 것이 가능하다. 잘 말하기 위해서는 우선 잘 들어야만 한다는 것에 동의하지 않을 사람은 없을 것이다.

공감이라는 것

상담을 전공한 사람으로 상담의 기본인 공감은 쉬운 일이라 생각했다. 그런데 최근에 몇 가지 일을 경험하면서 나의 생각이 바뀌게 되었다.

가족 이야기를 하게 되어 살짝 부끄럽지만 나와 관련한 커다란 대인관계의 한 부분이기에 이야기를 해 보고자 한다. 남동생이 술을 좋아하기도 하고 직장에서 술 마실 기회가 많기도 한 것 같다. 술이라는 것이 사람의 기분을 업시켜주고 마음에 담아 두었던 이야기도 꺼낼 수 있게 하고 스트레스를 날려주는 긍정적인 효과가 있다는 것을 부정할 수는 없다. 물론 이외에도 더 많은 긍정적인 효과가 있을 수 있겠지만 과음이라는 것 즉 조금만 술을 지나치게 마시게 되면 문제가 발생하는 것은 당연한 일인 듯하다. 엄마랑 남동생 이야기를 하다보면 "그 아이는 건강을 생각해서라도 술을 좀 적게 마시면 좋을 텐데.... 술만 조절하면 뭐 하나 나무랄 데가 없을 텐데"라는 이야기를 한다. 그런데 술을 조절 못하는 동생을 이제 나도 살짝 이해하게 된 몇 가지 경험들이 있었다. 물론 이런 경험들은 늘 있어 왔는데 연결고리를 찾게 되었다고 하는 것이 맞을 듯하다.

첫째는 다이어트의 경험이다. 맛있는 것을 좋아하고 예쁜 맛집을 좋아하는 나에게 다이어트는 쉽지 않은 일이다. 또 직업의 특성상 앉아 있는 시간이 많은 것도 일조를 한다. 흔히 '다이어트는 내일부터'라는 말을 하는 것처럼 '그래, 맛

있게 먹는 것은 건강에도 좋고 혹 몸에서 요구하는 것일 수도 있다', '즐겁게 먹으면 0칼로리'라는 위안을 하며 늘 다이어트의 다짐을 내일로 미루곤 한다.

둘째, 다이어트와 관련되기도 하고 한 해 한 해 나이가 들어가면서 건강을 위해 운동이 필수라는 생각을 많이 한다. 그러나 항상 우선순위에서 밀려나는 것이 운동이기도 하다. 일을 하다보면 스트레칭을 하는 것도 잊고 몰두하기 일쑤이다. 집과 학교가 나만큼 가까운 사람도 드물 텐데.... 늘 손에 무언가를 들고 다니기 힘들어서 차를 타고 출근한다. 가끔은 '생활 속에서 걷자'라는 생각에 걸어서 학교를 가려 하다가도 이러저런 차의 필요성을 대며 핑곗거리를 찾는다, 그리고 학교 내에서 건물을 이동할 때만이라도 '걷자'라는 다짐을 하며 며칠을 걸어 다니다가도 시간에 쫓기거나 날씨가 춥고 더워지면 그리고 '운동은 따로 시간을 내서 하는 거야'라는 생각이 들면 쉽게 타협을 하고 다시 차로 이동을 하곤 한다.

술을 조절해서 마시기, 다이어트하기, 운동하기 등은 나를 위해 때론 남을 위해 생각이나 행동의 변화가 필요한 부분이라 할 수 있다. 동생을 보면서 술을 거의 안 마시는 나로서는 '왜 그것이 그렇게 안 되는 걸까'를 걱정하며 때론 아쉬워하며 이야기를 해 왔다. 다이어트에 성공한 누군가 또는 마음먹은 일을 이루어 낸 경험이 있는 누군가는 나를 보며 '운동이 왜 안 돼? 얼마나 즐거운데, 식사 조절이 왜 안 돼?'라고 이야기할 수도 있을 듯하다. 최근에 내가 노력해도 잘 안 되는 일들을 생각하면서 노력해도 잘 안 되는 일로 괴로워하는 사람들에게 '아하!' 할 수 있는 경험이 있었던 것이다. 누군가에게 힘든 일을 그 일로만 힘듦을 공감하기보다는 나의 다른 상황과 연결시켜 보면 훨씬 공감이 쉬워지는 듯하다.

공감이란 '역지사지'라는 말을 많이 들어 보았을 것이다. 상대방과 입장을 바꾸어 생각하고 느끼는 것이 공감이다. 공감은 상대방의 의견이나 감정, 처지를 이해하고 받아들이는 것(생명평화마중물, 2008)이라고 한다. 씽잉볼이나 드럼을 치면 소리가 쫙 울려 퍼지는 것을 느낄 수 있는 것처럼 깊은 마음의 소리에 공명하는 것이다. 즉 공감은 다른 사람이 겪는 고통의 정서적 상태로 들어가 그들의 고통을 자신의 고통인 것처럼 느끼는 것이라고 했다(Rifkin, 2010).

우리 대학에 글로벌시티즌십이라는 교과가 있다. 여러 가지 프로그램 중 하나가 '내 손을 잡아봐!'인데, 시각장애인 체험을 하는 시간이다. 가위 바위 보로 인도자와 시각장애인 역할을 정하고 시각장애인 역할을 하는 학생은 안대를 하고 인도자의 안내를 따라 캠퍼스의 여기저기를 다니며 다양한 경험을 해 본다. 이 활동을 마치고 난 학생들의 피드백 중에 하나가 시각장애인의 입장에서 본 경험이 도움이 되었다는 것이다. 즉 시각장애인을 이해하게 되었고 앞으로 시각장애인을 만나면 적극적으로 돕겠다는 다짐까지 한다. 동병상련, 역지사지 등의 말이 아마도 공감을 잘 대변해 주는 말일 듯하다.

그리고 우리 몸 안에는 다른 사람이 어떤 동작을 실행하는 것을 관찰할 때나 자신이 그 동작을 실행할 때에도 활성화되는 신경세포를 가지고 있다. 이 세포의 이름이 거울신경세포이다. 다른 사람의 움직임이나 동작을 보고 나도 모르게 따라 하는 현상, 다른 사람의 경험을 바라보는 것만으로도 그 사람과 비슷하게 경험하게 되는 것이 이 세포의 역할 때문이다. 거울신경세포는 공감적 반응에 대한 유전적 특성을 만들어 주는 단초라 할 수 있다. 공감은 마음으로 느껴지는 것으로, 그 상태에 그냥 같이 있어 주는 것, 이유나 옳고 그름에 관계없이 상대의 마음이 느껴지는 것을 말한다.

세상을 바꾸는 시간 15분이라는 프로그램을 자주 본다. 강사들이 15분 동안 강의를 하는데 많은 것을 새롭게 알게 하기도 하고, 생각거리를 던져주기도 하고 개인적으로는 찾아서 챙겨보는 프로그램 중의 하나이다. 세계경영연구원 원장이신 강신장이라는 분이 '남다른 인생을 사는 법: 감성의 끝에 서다(제 419회)'라는 주제로 강의를 한 적이 있다. 영상에서는 공감, 역지사지를 넘어 일체화라는 개념을 소개한다. 시인들을 좇아다니면서 알게 된 '내가 그것이 되어 보는 것' 즉 일체화의 개념을 소개한다. '대추 한 알'이라는 시를 소개하며 내가 대추가 되어 보는 것을 이야기하고, '붕어빵'이라는 시를 통해 내가 붕어빵이 되어 보는 것을 일체화로 표현한다. 상담자로서 내담자와 일체화하는 것, 교수로서 학생들과 일체화하는 것 등을 새삼 생각해 보게 되었다. 공감을 넘어 일체화까지 할 수 있다면 좋으련만!

* 공감을 받으면 "네, 바로 그거에요.", "네, 맞아요"라는 생각이 들고 안정감이나 이해받는다는 느낌, 수용받는다는 느낌이 든다. 이를 통해 자기를 탐색할 기회는 증가하게 된다.

* 공감을 하기 위해 사용할 수 있는 말에는 "그러니까 당신이 느끼는 것은 000이군요", " 당신에게는 000인 것 같네요", " 당신은 000처럼 보이네요", "당신이 느끼는 것이 제게도 전해지네요." 등이 있다.

질문하기

대인기술 중에 질문하기도 포함이 된다. 대인관계를 잘하려면 적절한 시기에 적절한 질문을 할 줄 아는 능력이 필요하다. 상담에서도 질문의 중요성을 자주 이야기한다. 질문에는 어떤 종류가 있을까?

첫째, 특정질문과 확대질문으로 나눌 수 있다. 특정질문은 깊이 생각하지 않고 바로바로 답할 수 있는 질문으로 오늘 며칠인가? 오늘 무슨 요일인가? 등이 있다. 반면에 확대질문은 상대방의 능력이나 가능성을 확대해 주는 질문이다. 예를 들면, 가장 소중히 여기는 것은 무엇인지? 앞으로 대학생활 동안의 계획은? 등이 해당된다.

둘째, 폐쇄형의 질문과 개방형의 질문으로 나눌 수 있다. 폐쇄형의 질문은 '예, 아니요'와 같이 제한된 선택권이 허용된 경우로 구체적인 정보를 알고 싶거나 간단한 답변을 듣고 싶을 때 유용하게 활용된다. 특히, 처음 만난 사이라면 폐쇄형의 질문이 답하기 쉬울 수 있다. 반면에 개방형의 질문은 자신의 의견이나 생각을 표현할 수 있게 하는 질문으로 마음을 열기 원할 때 특히, 상대방의 생각이나 의견, 답을 제한하고 싶지 않을 때 사용하면 유용하다.

셋째, 미래질문과 과거질문으로 나눌 수 있다. 과거질문은 '지금까지 어떻게 지내왔어?', '지금까지 어떻게 해 왔어?'와 같이 과거형의 단어가 포함된 질문이다. 반면에 '앞으로 어떻게 하고 싶어?', '앞으로는 무엇을 시도해 보고 싶어?'와 같이 미래형의 단어가 포함된 질문이라 할 수 있다.

넷째, 긍정질문과 부정질문으로 나눌 수 있다. 긍정질문은 '무엇을 하면 갈등해결에 도움이 될까?'와 같이 부정적인 의미가 없는, 긍정적인 표현으로 되는 질문이다. 반면에 부정질문은 '언제 원하는 대로 되지 않나요?'와 같이 부정어가 포함된, 부정적 의미가 포함된 질문이다.

우리는 다양한 인간관계를 맺으면서 질문을 하기도 하고 답변을 하기도 한다. 이제까지 내가 받은 또는 했던 질문 중에 좋았던 질문에는 어떤 것이 있는지 그리고 어떤 특성들이 포함되어 있는지 생각해 보자. 인간관계를 하는 데 도움이 되는 질문은 어떻게 해야 할까?

첫째, 질문을 너무 많이 하지 않아야 한다. 이유는 질문을 많이 그리고 계속 받다보면 취조나 심문받는 느낌이 들 수 있기 때문이다.

둘째, 질문을 한 다음 질문에 대한 답을 잘 들어주어야 한다. 다음 질문할 내용을 생각하며 또는 다른 일을 하며 대충대충 답변을 듣는다면 좋은 질문을 했다고 보기는 어려울 것이다. 질문에 대한 답을 들을 때 좋은 자세는 눈높이를 맞추고 시선을 마주하며 들어주는 것이다.

셋째, 질문의 종류에서 이야기했던 것처럼 가능하면 개방형의 질문을 활용하면 상대방으로 하여금 생각하게 하고 다양한 답을 할 수 있도록 도울 수 있다. 상대방으로 하여금 감정, 의견, 사실 등을 스스로 드러낼 수 있게 해주는 질문이 좋은 질문이다. 그래서 폐쇄형의 질문보다는 개방형의 질문을 활용하라고 한다.

넷째, 질문은 구체적이어야 한다. 질문을 받고 황당한 경험들이 있을 수 있다. 즉 '무슨 말이야?'라는 생각이 들게 하는 질문은 좋은 질문이라 할 수 없다. 질문을 받는 순간 머리가 딱 아팠던 때는 없었나? 좋은 질문이라면 답하기 쉬운 질문일 것이다. 그러려면 질문이 이해하기 쉬워야 할 것이다. 이해하기 쉬운 질문은 대부분 구체적인 질문인 경우가 많다.

다섯째, '왜'라는 단어를 포함한 질문은 가능하면 피하는 것이 좋다. 오히려 간접질문을 활용하는 것이 낫다. '왜'라는 질문은 상대방으로 하여금 '~때문에'라는 변명을 하게 하기도 한다. 마지막으로 비난이나 압박감이 느껴지지 않도록 질문해야 한다. 이제까지 원하는 답을 하지 않으면 안 될 것 같은 질문을 받아 본 적이 있을 것이다. 예를 들면, 교수가 강의를 마치며 오늘 강의 내용 재미있었죠? 또는 도움이 되었죠? 라고 하면 왠지 '네'라고 답해야 할 것 같은 느낌이 든다. 물론 재미있고 도움이 되어 '네'라고 할 수도 있지만 강요처럼 느껴질 수도 있기 때문이다.

질문과 관련한 경험 나누기

* 내가 받은 질문 중 황당했던 질문은?

* 내가 받은 질문 중 좋았던 질문은?

질문하기와 관련해서는 보드게임을 하나 소개해 보고자 한다. '만약카드'로, '황당무계한 대화를 위한 카드, 이심전심을 마음을 잇는 카드'의 2개 세트로 구성되어 있다. 각각 50장으로 되어 있다. 다양한 종류의 질문에 대답하며 서로를 이해할 수 있고 소통에도 도움을 준다.

질문의 중요성

* 설명해 줄 지원자 1명을 뽑는다.
* 다른 학생들은 질문할 수 없고 설명을 듣고 그대로 그린다.

* 지원자의 설명을 듣고 그대로 그린다. 단, 다른 학생들은 궁금하면 질문을 할 수 있다.

나-전달법으로 표현하기

나-전달하기를 생각하니 예전에 대화법으로 부모교육을 다녔던 기억이 난다. 관련된 자료를 찾으려니 아주 오래 전에 자료들이라 찾기도 쉽지 않을 정도이니 그만큼 시간이 지나고 내가 관심 있어 하는 주제들도 변화를 겪었다는 의미일 것 같다.

우리가 평소에 자주 사용하는 대화방식은 '너'를 주어로 해서 표현하는 경우가 많다. 남 탓하기 좋아하는 성향 때문이려나?! '너 때문에 이렇게 되었어. 네가 문제야'라는 식으로 대화를 끌어가다 보면 서로의 감정만 상하게 되고 해결책을 찾기가 쉽지 않다. 반면에 나-전달하기는 '나'를 주어로 표현하기 때문에 상대방의 기분을 나쁘게 하지 않으면서 내 상황을 설명하거나 나의 주장을 펼 수 있다.

내가 자주 만나는 사람과의 대화 패턴이 어떤지를 살펴보면 좋을 듯하다. 다른 사람과의 대화 중에 자주 변명을 하게 된다면 아마도 나-전달법으로 서로 대화하기보다는 너-전달법으로 대화할 가능성이 높다. "너가 이러니까 내가 그럴 수밖에~"라는 상황이 많이 있다. 또 질문하기에서는 "왜"라는 질문이 변명을 하게 한다는 것도 기억하면 좋겠다.

이렇게 책에 나-전달법을 강조하는 나도 여전히 세심하게 주의를 기울이지 않으면 남 탓을 하는 너-전달하기로 대화하는 경우가 많다. 특히, 가까운 가족과의 대화에서는 더 그런 일이 많이 일어난다. 최근에 어머님께서 건강을 생각하시며 홍삼에 관심이 많아지셨다. 나와 친한 분들은 아마 내가 얼마나 홍삼을 먹고 있는지 잘 알고 있을 정도로~ 가끔은 어머님께서 홍삼을 사라고 권유 아닌 권유를 하시기도 한다. 물론 공짜로 먹는 것이 훨씬 많다. 그런 때 내가 어머님께 '엄마가 홍삼의 효능이 좋은 것을 알고 권하시는데 여러 번 사드릴 수가 없어 미안해요. 그리고 자꾸 권하니까 부담도 되어요'라고 해야 정답에 가까울 텐데.... 현실에서의 나는 '자꾸 사라고 하면 어떻게 해요. 너무 고액인데, 참....'이라는 말이 먼저 나온다. 결론적으로는 가끔씩 홍삼을 사시라고 돈을 보내드리면서도 말로는 예쁘게 하지 못하는 경우가 많다. 물론 최근에는 어머님이 홍삼 이야기를 하시면 서로 마음 상하지 않게 하기 위해 화제를 전환한다.

나-전달하기에는 3가지 요소가 있어야 한다. 첫째, 문제를 유발하는 타인의 행동은 무엇인가? 둘째, 그 행동이 나에게 어떤 영향을 끼치고 있는가? 셋째, 나는 그 결과에 대해 어떤 느낌을 가지고 있는가? 이런 요소들을 순차적으로 표현해서 이야기를 끌어나가면 된다,

상황: 약속 시간에 30분이 지나도 연락이 없다가 나타난 친구

너-전달법: 너는 무슨 애가 연락도 없이 늦을 수가 있냐?
너 기다리다 죽는 줄?
이런 식으로 인간관계하면 안되지.

나-전달법: 약속시간이 30분 지나도록 연락이 없어서 기다리는 내내 염려되고 걱정되었어.

* 타인의 행동- 약속 시간이 30분이 지나도록 연락이 없어서

* 나에게 주는 영향- 아무것도 못하고 기다리면서 시간을 보냈어

* 나의 느낌- 무슨 일이 있는 것은 아닌지 걱정도 되고 혹 약속을 잊어버린 것은 아닌가 염려도 되었어

거절이 두려워 부탁을 못하는가?

거절당하는 것이 두려워 부탁을 못하는 상황이라면 내 인생에 어떤 일들이 일어날까? 학기 말에 성적을 내려면 거의 한 학기 약 1,000명 정도(교양 강좌인데다 수업도 많고 수강생도 많다 보니...)의 채점을 한다. 채점을 하다 보면 놀라운 일들이 있다. 내가 담당하고 있는 교과 중에 4시간 이상의 봉사 활동이 필수인 경우가 있다. 그래서 봉사활동을 하지 않으면 당연히 F를 받게 된다. 요즈음은 온라인으로 과제도 제출을 해서 제출한 시간이나 학생들의 제출 횟수까지 모두 알 수 있다. 가끔 미제출인 경우가 있어 성적입력 기간에 F를 주기 전에 혹시나 싶어 연락해 보면 봉사활동을 하고도 제출 기간을 놓치고, 추가 제출 기간도 놓쳐서 제출을 안 했다는 이야기를 듣게 된다.

요즈음 학생들의 특성이라고 일반화하기는 무리가 있지만 이런 학생들이 가끔 있어 안타깝다. 또 전해 들은 놀라운 이야기는 시험을 안 친 학생이 있어 교수님이 전화를 한 모양이다. 전화를 받은 학생의 반응이 "시험 안 보았으면 그냥 F를 주면 되지 왜 전화를 하느냐"이었다고 한다. 교수님께 '제출 기한을 놓쳐서 그런데 지금이라도 제출 가능할까요? 죄송합니다' 교수에게 부탁하면 어떤 일이 벌어질까?? 학점을 주는 교수가 학생들에게 전화해서 확인하고... '학점 관리까지 해 주어야 하나'라는 회의가 살짝 들었다.

누군가에게 부탁하지 않고 아쉬운 소리를 하지 않고 지낼 수 있다면 좋겠지만... 인간관계는 나 - 너 그리고 상호작용이라는 이야기를 한 것처럼 누군가와 더불어 지내야 하는 것이다. 부탁이나 거절도 그중에 하나일 수 있다. 부탁하면서 '나를 이상한 사람으로 생각하면 어떡하지?', '거절당하면 어떡하지?'라는 두려움을 갖기보다는 일단 먼저 시도해 보면 어떨까? 그러나 예의는 지켜가면서 그리고 '당연히 안 될 수도 있다'라는 전제를 가지고 시도해 보면 좋겠다.

이렇게 이야기를 하다 보니 또 다른 걱정이 덜컥 든다. 성적을 내고 나서 성적을 확인하는 조회 기간이 있다. 상대평가이다 보니 누군가는 A+와 A0를 받고 또 누군가는 B+와 B0를 받는다. 그리고 나머지 사람들은 C+ 이하의 성적을 받게 된다. 조회기간에는 학생들로부터 메일과 쪽지가 엄청나게 많이 오곤 한다. 성적 요소별로 자신의 성적을 알려 달라는 메일, 장학금을 받아야 하는데 성적을 올려 달라는 메일, 다음에 잘하고 싶어서 그러니 어느 부분이 부족한지 알려 달라는 메일까지... 정말 각양각색의 사연들이 기록된 메일을 받게 된다. 그중에 어떤 메일은 너무 당돌한 표현을 쓴 경우 화가 나기도 한다. 나를 화나게 하는 메일은 너무 당연하게 그리고 본인이 점수를 주는 교수인 것처럼 예의 없이 무조건 성적을 올려 달라고 조르는 내용이다.

아이러니하게 들릴 수도 있지만, 너무 터무니없이 무리한 요구가 아니라면 예의를 지켜 가면서 부탁해 보면 어떨까라는 생각이 든다.

— Tip 〈 거절하는 요령 〉

1. "예", "아니요"를 확실히 하기
2. 대답은 간단히(변명 No) 하기
3. 상대를 멸시하거나 창피주는 말은 하지 않기
4. 거절의 이유를 나의 욕구나 권리로 표현하기
5. 미안하다는 말은 그렇게 느낄 때만 하기
6. 거절을 받아들이지 않으면 원하는 때 대화를 중단하기
7. 조용한 목소리와 몸짓으로 이야기하기
8. 때론 대안을 제시하기

— Tip 〈 부정적 감정다루기 〉

1. 나의 감정(상태) 알아차리기
2. 파괴적인 행동 피하기로 마음먹기
3. 나의 감정 들여다보고 인정해 주기(부정적 감정의 원인 생각하기)
4. 기분 전환할 수 있는 일 찾기
5. 더 나은 문제해결책을 찾아 실행하기

대화기회 포착하기

다른 사람과 관계를 맺으면서 가장 중요한 소통방법이 대화이다. 대화를 하다 보면 내가 이야기하는 비중과 상대방이 이야기하는 비중을 대충은 가늠할 수 있다. 사람에 따라, 상황에 따라, 시간에 따라 아마도 이야기의 비중이 달라질 수 있지만 대화의 주도권을 주로 잡는 사람들의 성향적인 부분도 영향을 많이 주는 듯하다.

최근에 집에 유선 방송을 설치해서 TV에서 다양한 채널을 볼 수 있고 인터넷도 가능해지면서 관심은 있었지만 시간 맞을 때만 보던 집사부일체를 다시보기로 짬짬이 보고 있다. 수업 준비를 하면서 아이디어도 얻고 영상 자료를 수업에 활용하기도 한다. 우연히 다시보기 한 집사부일체에서 1주년을 기념하면서 배우 손예진을 사부로 모시고 MT를 간 멤버들이 서로에게 도움이 되는 특강을 했다. 양세형이 특강 주제로 삼은 것이 '말 끼어들기'이다. 우리가 대화의 주도권을 너무 잡고 있는 사람을 만났을 때 활용 가능할 것 같아 소개해 보고자 한다. 놀랍게도 초급, 중급, 고급으로 나누어 설명을 하는데 나도 깜짝 놀라며 재미있게 보았던 내용이다. 초급에서는 '가위 컷'이라 불리는 기법들을 활용한다. '아제사'라는 첫 글자로 소개를 하는데 아는 '아니 근데'로 대화 중에 불쑥 끼어드는 것이 용이하다. 제는 '제가 봤을 땐'이라는 말로 상대방의 이야기를 멈추게 하고 중간에 끼어드는 것이다. 사는 '사실은'이라는 말로 끼어드는 것인데, '사실은'은 정말로 어떤 사실을 제공하지 못한다면 살짝 거짓을 하게 되기도 한다고 한다.

중급 편에서는 '낚시 컷'이라고 하며 설명하는데 상대방의 첫 번째 단어를 빼앗어서 말을 시작하는 것이다. 라면에 대한 이야기를 하고 있다면 "라면은~"처럼 상대방이 이야기한 단어들 중에 뽑아내어 사용하는 것이다.

마지막 고급 편은 우리가 알아도 잘 사용하지 못할 수도 있는데, '액션 컷'이라 한다. 바닥을 두드리거나 옆 사람을 치거나 드러눕는 등의 과한 액션을 사용해서 이야기하는 사람에게 집중되었던 관심을 빼앗는 것이다.

이와 관련해 대화를 이끌어 나가기 위한 방법 몇 가지를 추가해 보고자 한다. 첫째, '꼬리잡기'로 상대방이 이야기한 내용 중에서 대화의 단서를 찾는 것이다(최진오, 조명실, 오새내, 2020). 양세형이 이야기한 낚시 컷과 유사한 방법이라 할 수 있다. 둘째, '따라하기'로 거울에 비친 것처럼 자연스럽게 상대방의 말이나 행동을 따라하는 것이다. 이때는 주로 "~하는 군요" 또는 "~하는 구나"와 같은 말로 반복해 줄 수 있다.

일반적으로 대화를 시작할 때는 답하기 쉬운 일상적인 이야기나 공통의 관심사를 가지고 말문을 여는 것이 좋다. 이 때 '오늘 가을 하늘이 참 푸르죠?'와 같이 날씨를 묻는 질문을 사용하는 경우가 많다. 그리고 여분의 정보를 활용해서 표현할 수도 있다. 예를 들면, '머리를 짧게 하니 더 예뻐 보인다' 또는 '브로치가 아름답네요'와 같이 상대방의 변화된 모습을 포착해서 말문을 여는 것도 도움이 된다. 그리고 관계가 진척되면서 사실적인 정보를 공유한다. '오늘 헤드라인 기사에 000이 났던데 보셨어요?'와 같이 사실적인 부분을 언급하며 이야기를 한다. 그리고 조금 더 편해지면 그에 따른 의견을 물어볼 수 있다. 그러나 상대방의 생각, 견해, 의견을 처음부터 질문을 하며 접근하면 거부감을 일으키기 쉽다. 그리고 마지막에 감정에 대한 부분을 이야기할 수 있을 것이다. 처음 만나는 사람과 대화를 원활히 하기 위해서 이런 부분도 알고 있으면 도움이 될 것이다.

설득을 쉽게 할 수 있을까?

책을 읽으면서 어떤 부분에 새로운 사실을 알게 되거나 통찰을 하게 되거나 강의에 활용할 수 있는 것을 발견하면 '유레카'를 외치듯 희열감을 느끼곤 한다. 2007년인가 설득의 심리학이라는 책을 처음 만났을 때도 설득의 기술이 있다는 것을 알고 무척 반가워했던 기억이 난다. 몇 가지 설득의 기술을 소개해 보고자 한다. 홈쇼핑에서 얼마나 이런 설득의 기술을 잘 활용하고 있는지를 예로 들어 소개해 보고자 한다.

첫째, 사회적 증거의 법칙으로 이 사람도 저 사람도 그리고 많은 사람들이 하고 있는 것이라고 하면 귀가 솔깃해진다. 그리고는 제안에 응하게 된다. 회의 장소를 정할 때 아는 사람 중에 여러 명이 같이 추천하는 곳은 일단 가도 실패 확률이 적을 것 같다는 생각을 한다. 잘 아는 교수님 중에는 본인이 아는 맛집에서 식사를 하고 나면 재방문 의사에 대해 질문을 하기도 하고, 추천할 지에 대한 의사를 묻기도 한다. 물론 본인이 운영하는 식당은 아니다. 이런 정보들이 모이면 사회적 증거의 법칙으로 활용할 수도 있을 것 같다. 홈쇼핑 채널에서는 상담 대기자 수가 얼마나 많은지에 대해 안내를 한다. 그러면 방송을 보는 사람들은 '이렇게 많은 사람들이 구매하려고 하는구나' 싶어 나도 구매해야겠다는 생각을 하게 된다, 그리고 어떤 앱에서는 구매자의 수를 알려주기도 한다. 나도 집에 인터넷이 되면서 홈쇼핑에서 여러 가지를 급하게 구매한 경험이 있다. 마감 시간 임박 그리고 고객평가, 구매자 수만을 보고.... 다른 분들이 이야기하는 홈쇼핑에 대한 정답이 하나 있다. '계속 보고 있으면 사게 된다'라고.

둘째, 상호성의 법칙으로 사람들은 호의에는 호의로 보답하고자 하는 마음이 있다. 나에게 호의적인 행동을 하는 사람이 어떤 제안을 한다면 쉽게 오케이 하지 않을까! 많은 경우 친한 사람들끼리 그리고 서로 비슷한 유형의 사람들끼리 친하게 지내게 되는 것 같다. 내가 호의를 보이는 사람들은 회의를 할 때 내가 어떤 제안을 하면 거세게 반대하는 일이 많지 않다. 혹 의견이 다를 때는 조심스럽게 '이런 것도 있지 않을까'라는 제안을 조심스레 해 주는 분들이 계시긴 하다. 홈쇼핑에서 구매 후에 포인트가 지급되고 가끔 할인 쿠폰이 날아온다. 가끔은 연속으로 매월 일정액 소비를 달성하면 추가 포인트를 지급해 주기도 한다. 또 전화로 여러 가지를 문의했을 때 상냥하게 그리고 필요한 정보를 잘 제공해 주며 안내하는 것도 구매 가능성을 높여줄 수 있다. 이런 것이 상호성일 듯하다.

셋째, 상호성과 유사하게 들릴 수도 있지만 마음에 드는 사람의 뜻을 따르는 것으로 호감의 법칙이 있다. 친한 분들이 의견을 제안하면 큰 문제가 없다면 크게 반대하지 않고 동의하는 일이 많다. 좋아하는 홈쇼핑 채널이 있고 또 상품을 사서 실패를 덜 하게 되면 그 홈쇼핑에 긍정적인 이미지를 갖게 되고 더 자주 주문을 하게 된다.

넷째, 일관성의 법칙으로 우리는 무언가를 선택하거나 결정할 때 이전에 하던 틀에서 크게 벗어나지 않는 일관된 방향으로 선택하거나 결정을 한다. 그래서 누군가에게 무언가를 제안할 때 이전에 이 분이 이와 유사한 상황에서 어떤 선택을 했는지를 보면 쉽게 설득시킬 수 있을지를 판단하는 것이 쉬워진다. 일관성의 법칙은 자신의 가치나 중요시하는 것에서 크게 위배되지 않는 일관된 행동양식을 따를 가능성을 의미한다. 누구나 '이것만은 지켜야 한다'는 소신이 있을 수 있다. 홈쇼핑과 관련해서는 아마도 유사한 상품을 추천해 주는 것을 예로 들 수 있다. 이전에 장바구니에 담거나 구매했던 것과 유사한 상품을 계속 추천받아 본 경험들이 있을 것이다. 나의 경우도 자주 애용하는 홈쇼핑 앱에서 계속 추천하는 내용을 보면 내가 관심 있어 하던 품목들인 경우가 많다.

다섯째, 희귀성의 법칙으로 자원이 적을수록 더 설득하기 쉬워지는 것을 말한다. 쇼핑을 할 때 판매원이 '오늘까지 세일이고 내일부터는 세일 적용이 안 된다'라고 하면 왠지 지금 안 사면 손해일 것 같은 생각이 드는 것. 그래서 홈쇼핑에서는 '마감 임박, 매진 임박, 방송사상 최저가'라는 말을 많이 하는 것 같다. 희귀성의 법칙을 이용해 소비자로 하여금 바로 결정을 내리도록 설득하는 것일 수 있다.

마지막으로 권위의 법칙인데, 전문가들이 제안해 주거나 방향성을 제시해 주면 그쪽으로 따라가고 싶게 만드는 것과 관련된다. 전문가에게 의존하게 만드는 법칙이라 할 수 있다. 상담을 전공하고 대학교수라는 직업 때문에 가끔은 학생들 중에도 '이런 경우에는 어떻게 하면 좋을까요?'라고 질문하는 경우가 많이 있다. 그러면 '이런 것은 아닐까요?, 이렇게 해보면 어떨까요?'라고 하면 '그렇죠'라고 바로 호응하곤 한다. 그래서 가끔은 무슨 말을 하기가 조금 주저되는 경우도 생기곤 한다. 홈쇼핑 채널에서는 옷을 판매할 때 쇼호스트와 함께 진행하는 사람이 그 옷을 디자인한 디자이너인 경우가 많다. 그래서 옷을 디자인할 때 특별히 신경썼던 부분을 어필한다. 그러면 시청하는 사람들은 전문가의 말을 믿고 구매를 하게 된다.

대인관계를 하면서 누군가를 설득할 때 이런 법칙들도 중요하지만, 무엇보다 중요한 것은 진정성이다. 내가 이런저런 제안을 하며 설득하려는 이유는 내가 상대방을 돕고 싶다는 진정성이 전해져야 이런 법칙들이 발휘될 수 있을 것이다.

협상시 합의에 이르게 하는 결정적 계기

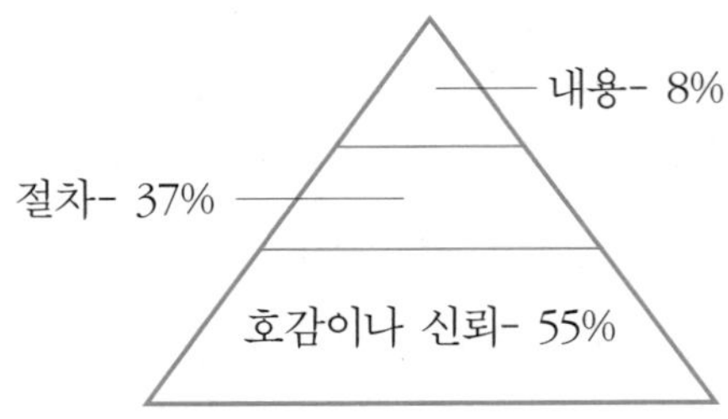

* 설득을 하거나 협상을 할 때 우리가 신경 써야 할 부분은 상대방에 대한 나의 호감도나 신뢰도일 수 있다.

Right Now

얼마 전 '집사부일체'라는 SBS 방송을 우연히 보게 되었다. 집사부일체(2018. 4. 29. 방송)에서 차인표가 사부로 나왔고 사부의 하루 일과를 쫓아가는 프로그램으로 구성되어 있었다. 다큐 감독을 꿈꾸는 차인표의 하루 일과는 놀라울 만큼 바쁘게, 빠르게, 1초도 헛되이 보내지 않는 하루였다. 제자인 이승기, 양세형, 이상윤, 육성재 멤버들과 하루를 보내면서 다양한 경험들을 했다. 압박면접을 보는 장면도 있었고(예, 왜 1종 면허를 따셨습니까?), 정각이 되면 하던 일을 멈추고 팔굽혀 펴기 50회를 해야 하는 해프닝도 있었다. 하루 일과표 중 19시~22시까지 3시간 정도의 시간에 'Right Now'라고 쓰여 있었다. 사부에게 'Right Now'가 무엇인지 질문을 하니까, 놀라운 답변이 이어졌다. 차인표는 사랑하는 동생이 투병생활을 하다 먼저 하늘나라로 갔고 정말 사랑하는 동생이었는데 '사랑한다'는 표현을 한 번도 제대로 하지 못했다고 한다. 그래서 앞으로는 하고 싶은 말, 만나고 싶은 사람, 하고 싶은 일을 절대로 미루지 말자라고 생각했다고 한다.

우리는 누구나 바쁜 일상을 보내고 있다. 나에게 소중한 여러 가지 것들을 생각할 겨를도 없이 다람쥐 쳇바퀴처럼 하루하루를 보내고 있는지도 모른다. 차인표가 준 교훈처럼 'Right Now' 해야 할 것들은 나에게 어떤 것들이 있는지 고민해 봄직하다. 무언가 준비되면 하고, 언제 시간이 되면 하고, 누가 이해해 주면 하고…. 이런 것이 아니라 Right Now~~ 절대 미루지 말고, 꼭 필요한 순간에, 꼭 필요한 상황에 표현하고 실천하고 행동할 수 있으면 좋을 것 같다.

그리고 생각하니 연세 드신 어머님께서 몇 해 전부터 전화를 끊을 때나 어머님 집에 갔다 대구로 돌아오려면 차에 마중을 나오셔서 하시는 말씀이 생각난다.... "사랑하는 우리 딸~" 처음엔 쑥스러워 하며 들었고 이젠 '연세드시니 표현을 자주 하시는구나'라는 정도로만 생각했다. 물론 나의 답변은 "응, 고마워" 또는 "나도" 정도였다. 이 방송을 보면서 나는 사랑하는 사람에게 얼마나 자주 표현하는지를 생각하게 되었다. 엄마가 먼저 사랑을 표현하면 나도 마음을 담아 "엄마 나도 사랑해"라고 하면 좋으련만 그리고 엄마가 먼저 이야기하시기 전에 내가 먼저 "엄마 사랑해"라고 할 수 있으면 더 좋으련만.... 이젠 조금 적극적으로 표현해야겠다는 생각이 번쩍 들었다. 이 책에 마음을 담아 표현해 보고 싶다 "엄마 사랑해요. 늘 감사하고...."

또 한 가지 교수라는 직업이 서 있거나 앉아 있거나 둘 중 하나를 하는 듯하다. 늘 컴퓨터 앞에 앉아서 일을 하거나 강의실에서 서서 강의를 하며 하루 일과 중에 많은 시간을 보낸다. 그러다 보니 살도 찌고 몸도 그리 좋지는 않은 듯하다. 흔히 농담으로 '연구실에 오래 있으면 있을수록 건강은 안 좋아진다'는 말을 한다. 그래서인지 주위에 교수님들 중에는 시간만 나면 캠퍼스를 걸어 다니고 강의 마치고 저녁 즈음 궁산을 후딱 올라갔다 오시기도 한다. 저녁 8시가 되면 무조건 연구실에서 나와서 캠퍼스를 걷는다는 분도 계신다. 그런 분들에 비하면 나는 너무도 핑계가 많다. 집도 학교와 가까운데도 자가용을 타고 다니고 아는 교수님처럼 저녁에 시간을 정해 놓고 걷는 것도 야간 수업이 3일이나 있어서 어렵다는 생각에 미루고 있다. 이젠 야간 수업 마치고 무조건 캠퍼스를 한 바퀴 도는 것으로 계획을 바꾸어 보려고 한다. 나에게 "right now" 할 것들이 참 많다. 여러분도 여러분의 대인관계를 좋게 하기 위해 "right now" 할 것이 무엇인지 점검해 보고 또 여러분의 삶을 윤택하게 하기 위해 "right now" 할 것에는 어떤 것이 있는지 고민해 보면 좋겠다.

영역	"right now" 내용
원만한 대인 관계를 위해서	
행복한 삶을 위해서	

습관 형성

퀴즈를 하나 내면서 시작해 보려고 하는데 답을 맞추어 보세요.

나는 누구일까요?

나는 위대한 사람들의 하인이고
또한 모든 실패한 사람들의 하인입니다.
위대한 사람들은 사실 내가 위대하게 만들어 준 것이지요.

나는 기계가 아닙니다. 기계처럼 정확하고
인간의 지성으로 움직이긴 하지만,
당신은 나를 이용해 이익을 얻을 수도 있고
망해버릴 수도 있습니다. 당신이 어떻게 하든
나한테는 별로 상관이 없는 일이죠.

나를 택해 주세요, 나를 길들여 주세요, 엄격하게 대해 주세요.
그러면 세계를 제패하게 해주겠습니다.
나를 너무 쉽게 대하면, 당신을 파괴할지도 모릅니다.

나는 당신의 (   ) 입니다.

습관 형성을 생각하니 얼마 전 내가 경험한 사례가 떠오른다. 휴대폰을 바꾸고 6개월 동안 데이터 11기가(사실은 거의 무제한에 가까웠다), 음성 무제한(이동전화 무료, 집 전화 무료)을 이용하는 상황이 되었다. 물론 이전에는 1기가 데이터 사용에 100분 무료 통화조건이었으니 때론 아껴 쓰느라 가능하면 검색이나 통화를 많이 하지는 않았던 터이다. 그런데 휴대폰을 바꾸고 나서 몇 달 동안은 이런 어쩔 수 없는 변화가 안겨 준 무제한의 선물을 최대한 이용했다. 세상이 달라졌다고 해야 할까?! 참 놀라운 경험을 하기도 했다. 컴퓨터나 노트북을 사용해도 될 일들을 휴대폰으로 해결하면서 감탄하기도 하고.... 누군가 질문하면 바로 검색해서 보여주고 여러 명의 모임에서 우선해서 연락도 하고.... 데이터를 선물해 주기도 하며 인심을 팍팍 쓰면서 호화로운(?) 생활을 했다. 그리고도 11기가와 음성통화를 다 사용하기란 쉽지 않았다.

이렇게 6개월이 지나고 나니 이젠 이전에 사용하던 데이터 1기가의 요금제를 선택하기가 두려워졌고 차선책으로 데이터 1.2기가 제공에 음성 무제한을 선택했다. 습관이라는 것이 얼마나 무서운지 6개월을 팡팡 사용해 왔던 터라 1.2기가로 한 달을 버티기란 쉽지 않았다. 이런 나의 상황을 아는 가족과 지인들에게 약간의 데이터를 선물받아 사용하며 한 달을 넘겼다(물론 데이터 쿠폰을 살 수 있다는 것은 알고 있었다). 그리고 두 달째도 약간의 데이터를 선물로 받아 사용하며 이전의 나로 돌아가려는 노력을 했다. 두 달을 그렇게 보내고 나니 이젠 1.2기가도 남는 상황이 되었다. 거의 1~2달의 의식적인 노력을 통해 휴대폰 무제한의 늪에서 빠져 나오게 되었다. 주위에 나를 잘 아는 분들은 그냥 무제한 요금제를 사용하면 되지 왜 그렇게 사느냐며 안타깝게 보는 분들도 있다. 그러나 휴대폰을 가까이 하는 편도 아닌 나까지 무제한 요금제를 고집할 필요는 없을 것 같아 아직은 고집을 부리고 있다. 어떤 일이든 일정 기간 공을 들여야 하는 것이 있는 것 같다.

그러나 휴대폰 데이터와 관련해서 놀라운 변화가 있었다. 안심요금제를 추가로 가입해서 일정 데이터를 사용하고 난 후에 속도는 느리지만 무제한으로 쓸 수 있는 방법을 지인이 알려주어서 활용해 보았다. 그리고 최근에는 집의 TV에 여러 채널을 볼 수 있는 유선 방송에 가입하면서 인터넷까지 사용 가능하도록 바꾸는 기적 같은 일이 벌어졌다. 이 책을 쓰기 시작한 지 꽤 오랜 시간이 지났음을 알 수 있는 대목이기도 하다.

영국 런던대의 제인 워들(Wardle) 교수는 어떤 행동을 66일 지속하면 습관이 된다고 주장한다. 그는 건강에 도움이 되는 행동(점심 식사 때 과일 한 조각 먹기, 물 한 병 마시기 / 저녁 식사 전 15분 뛰기 등)을 정해서 하나 해 보도록 했다. 그리고 66일 동안 같은 행동을 반복하면 자동적 반응으로 행동하게 됨을 발견했다. 공신으로 유명한 강성태씨도 66일의 습관 달력을 만들어 제공하면서 습관으로 형성되는 데 66일의 시간이 필요하다고 이야기한다. 습관달력을 인터넷에서 다운받아서 "내가 습관으로 형성하고 싶은 행동에는 어떤 것이 있을까?"를 고민해 보고 목표 습관에 적어보고 스티커나 사인 등을 이용해 실천한 경우에 표시를 해서 스스로 체크를 해 가며 완성한 후 보상을 해 주면 어떨까! 완성도를 높이고 싶다면 주위에 자주 만나는 가족이나 친구들에게 때론 의미 있는 타인에게 자신의 목표를 공언하고 지켜봐 주도록 부탁하는 것도 좋은 방법이 될 수 있다. 1주일 동안 완성하고 나면 자신을 위한 작은 선물을 해 주어도 좋겠다. 그 다음엔 2주 후, 그 다음엔 4주 후 등으로 기간을 늘려서 스스로에게 보상해 주는 기회를 마련해 보자. 해야만 하는 일을 습관으로 만들기 위해서는 지속성이 얼마나 중요한지를 새삼 느끼게 된다.

그리고 습관이 형성되는 데는 3가지 요소가 영향을 준다. 첫째, cue(신호)로 특정한 행동이 자동적으로 나오는 방아쇠 역할을 담당한다. 둘째는 routine(반복적인 행동)으로 일정한 행동을 하게 된다. 그리고 마지막으로 reward(보상)로 습관이 유지되게 해 준다. 대학 캠퍼스가 멋진 학교들이 많이 있지만 우리 대학은 정말 캠퍼스가 아름다운 대학 중의 하나이다. 2001년에 상을 받았을 정도이고 영화나 드라마의 촬영지로도 유명한 곳이니까.... 점심을 먹고 나면 이곳저곳 캠퍼스를 산책하는 교직원들의 모습은 흔히 볼 수 있는 광경의 하나이다. 나도 캠퍼스 즐기기를 다양하게 하고 있는 편인데, 예전에 일부러 운동할 겸 시간을 내어 옆에 친한 교수님과 캠퍼스 투어를 시작했다. 캠퍼스를 크게 돌다 보면 예전에는 간호대 건물에서 강창이라는 곳으로 나가는 조그만 샛길을 만날 수 있었다. 이곳을 통해 나가면 예쁜 가페도 있고 쌀 도넛을 파는 가게도 있고.... 길 하나를 건너면 전기구이 통닭집도 있고.... 운동의 또 다른 즐거움을 안겨 준다. 다이어트를 겸한 운동이라는 것을 생각하면 운동만으로 만족해야 하지만 가끔은 이런저런 맛난 음식을 간단하게 먹고 돌아온다. 이런 행동을 습관 형성과 관련한 3가지 요소로 설명해 보자. 옆에 교수님과의 약속이 일단 신호로 작용하고 둘이 연구실 밖으로 나와 캠퍼스를 도는 것이 반복적인 행동이 되고 돌아오는 길에 맛난 간식을 먹는 것이 보상이 되어 습관화된 행동이 되었다. 운동이라는 것이 하기 싫은 것이 아니라 또 다른 도전이 되기도 한다. 좋아하는 일과 해야만 하는 일을 같이 연결해서 하다 보면 실천의 가능성이 훨씬 높아진다. 그러나 방학을 맞아 멈추고 나니 '언제 그런 행동을 했었나'라는 생각이 들 정도이다. 다시 이러한 과정을 거쳐 습관으로 만들어야겠다.

생각해 봅시다

* 습관으로 형성하고 싶은 행동은? ______________________________

* 습관으로 형성하고 싶은 행동은? ______________________________

STEP

03

- 빗속의 사람 그림
- 인간관계의 유형
- 친구 관계란?
- 친구 관계를 맺는 이유는 무엇일까요?
- 사랑에 신화가 있나요?
- 사랑의 3요소
- 사랑에도 단계가 있다
- 결혼의 의미
- 떼려야 뗄 수 없는 가족 관계
- 다섯 가지 사랑의 언어
- 나의 애착유형은?
- 직장 상사 이런 유형 있다
- 직장 내 스트레스와 대처
- 직업만족도와 관련 요인
- 부적응적 인간관계란?

인간관계를 맺으며

빗속의 사람 그림

빗속의 사람 그림검사(draw a person in the rain)는 Abrams와 Amchin이 개발한 것으로 빗속에 사람을 그리게 하여 자아강도와 스트레스 대처 능력 수준을 확인하는 투사적 검사이다(정현희, 2007). 빗속의 사람 그림검사는 스트레스와 스트레스 대처양식을 진단할 수 있다.

다음 지시에 따라 아래 빈 여백에 자유롭게 원하는 대로 그리면 되어요.

> "비가 내리고 있습니다. 빗속에 있는 사람을 그려 주세요. 만화의 졸라맨이나 막대기 같은 사람이 아니라 완전한 사람으로 그려 주세요."

그림을 완성한 후, 다음을 작성한다.

그림을 그린 순서는?	
그림 속의 인물은 누구인가요?	
이 사람은 몇 살인가요?	
이 사람은 무엇을 하고 있나요?	
이 사람은 어떤 생각을 하고 있나요?	
이 사람의 현재 기분은 어떨까요?	
이 사람에게 필요한 것은 무엇일까요?	

그림의 해석을 간단히 해보자. 스트레스를 나타내는 것은 비(비의 양, 빗줄기), 구름, 천둥, 번개, 웅덩이 등이며, 스트레스 대처자원으로는 비옷, 우산(크기), 장화, 보호물(건물이나 나무 밑), 얼굴표정, 인물의 크기(자아), 위치 등이다.

인간관계의 유형

인간관계의 유형을 나눌 수 있는 방법은 다양하다. 아주 쉽게 인간관계를 두 가지로 나누기도 한다. 사실 이 이야기를 처음 듣고 살짝 놀랐고 폭풍 공감이 되기도 했다. 두 가지 유형은 나와 친한 사람 그리고 나와 친하지 않은 사람이다. 친한 사람인 경우는 모든 것을 수용하고 모든 것을 이해해 주려고 하지만, 친하지 않은 사람의 경우는 이해의 폭도 좁아지고 나와 관계 없는 일로 생각할 때가 많다. 조금 학문적으로 인간관계 유형을 나누어 보자.

첫째는 일차적인 인간관계와 이차적 인간관계로 나눌 수 있다. 일차적 인간관계는 선택이 자유롭지 못하고, 가입이나 탈퇴도 자유롭지 못하며, 공식적이고 집단적인 성격이 강하다. 예를 들면, 처음 태어나서 만나게 되는 혈연에 의한 관계(부모-자녀, 형제-자매, 친인척과의 관계 등), 학연에 의한 관계(유치원부터 대학교, 대학원까지의 동문들 등), 지연에 의한 관계(출신 지역에 따라 생긴 관계)이다. 이차적인 관계는 직장동료, 친구, 동호회와 같이 일차적인 관계보다는 관계가 일시적일 수 있고, 선택이 가능하고, 가입이나 탈퇴가 자유롭다. 나의 경우에 이차적 인간관계의 예로는 2006년 낯선 대구에 와서 처음에는 아는 이도 별로 없었지만 대구 교구청에 부모교육 재능기부로 알게 된 수녀님과 신부님 그리고 봉사하시는 많은 분들과 맺어진 인간관계가 있다. 물론 계명대학교 교수로서 동료 교수들과의 관계도 이차적 인간관계의 대표적인 예가 될 듯하다.

둘째, 수직적 인간관계와 수평적 인간관계로 나눌 수 있다. 수직적 인간관계는 상하 관계로 맺어지는 것이다. 예를 들면, 부모와 자녀, 선생님과 제자, 직장에서의 상사와 부하의 관계이다. 수평적 관계는 동등한 관계라고 할 수 있고, 친구 관계, 부부 관계, 연인 관계를 예로 들 수 있다. 나의 경우에 수직적인 관계는 대학 조직도에서 보여지는 윗분들과의 관계, 그리고 연배 많으신 교내 교수님들과의 관계이다. 수평적 인간관계는 또래 그리고 연배가 비슷한 동료 교수님들과의 관계이다.

셋째는 사람 중심적인 인간관계와 업무 중심적인 인간관계로 나눌 수 있다. 사람 중심적인 인간관계는 사람 그 자체를 중요시하는 반면 업무 중심적인 인간관계에서는 이득과 성과를 주요 목적으로 한다. 나는 사람 중심의 성향이 강하기도 하지만 사람 중심의 사람과는 가능하면 업무 중심적인 관계를 맺지 않으려는 경향이 있다. 정확히 구분은 되지 않지만 업무 중심으로 관계를 맺다가 사람 중심의 관계로의 전향은 잘 되지만 반대는 잘 안 되는 것 같다. 사람 중심의 관계에서는 일을 떠나 편하게 쉼을 얻고 싶어서일까?! 얼마 전에도 친한 교수님들끼리 모여 이런저런 이야기를 하다 이렇게 마음이 잘 맞으면 생산적인 일을 해도 좋을 것 같다는 의견이 나오면서 연구계획서를 내보자는 의견이 나왔다. 쉽게 거절을 잘 못해서 진행될 뻔했는데, 진행과정에서 나와 비슷한 생각을 가진 교수님이 계셔서 무산이 되었었다. 그래서 노는 것만 같이 하는 모임으로 제자리를 찾았다.

넷째, 공유적 인간관계와 교환적 인간관계이다, 공유적 인간관계는 가족, 절친, 연인과 같이 친밀한 관계로 '우리는 하나'라는 상호의존적으로 인간관계를 보며, '같이 가치'를 중요시하여 서로의 행복과 불행에 대해 관심을 갖고 책임감을 느끼는 관계이다. 반면에 교환적 인간관계는 호혜성, 형평성 원칙에 입각하고 이득과 손실의 균형을 중요시한다. 즉 인간관계가 거래적이고 공정성을 중시한다. 교환적 인간관계는 공정하고 공평하다는 생각이 들게 하기도 하지만 인간미가 살짝 없어 보이기도 한다.

마틴 부버는 인간관계를 두 가지 즉 나-너의 관계와 나-그것의 관계로 나누고 있다. 나-너의 관계는 실존적인 만남으로 참 만남이라고 할 수 있다. 서로의 성장을 도와준다. 반면에 나-그것의 관계는 진정한 만남이 아니라 목적을 이루기 위한 수단으로 맺어지는 관계라 할 수 있다. 나-그것은 인격적인 만남이 아니라 대상으로서의 만남이라 할 수 있다. 따뜻하고 함께 성장하기 위해서는 대상이나 수단으로서의 관계를 지양하고 나-너의 관계가 되어야 할 것이다.

어떤 문제 상황에서 대처하는 방식을 통해 인간관계의 유형을 나누어 볼 수도 있다. 비자기표현형, 공격적인 형, 자기표현형의 세 가지 유형이 있다. 비자기표현형은 소극적인 유형으로 많이 참는 형이다. 여간해서는 화를 잘 내지 않고 늘 좋은 얼굴로 대하지만 속은 편하지가 않다. 이런 사람은 감정을 억눌렀다가 한꺼번에 폭발시키기 쉬운 유형이다. 공격적인 형은 상대방의 감정에 대해서는 생각하지 않고, 자신의 감정을 그대로 폭발시켜서 상대방에게 좋지 않은 감정을 갖게 하기 쉽고 나중에 관계를 그르치게 된다. 마지막 자기표현형은 자신의 생각과 감정을 남의 권리를 침해하지 않는 방법으로 자연스럽게 표현한다.

인간관계를 다양하게 나누어 보았지만 이 또한 상황에 따라, 누구와의 관계냐에 따라, 발달단계가 어느 단계에 있느냐에 따라 다양한 인간관계를 맺을 수 있을 것 같다.

나의 인간관계 유형 알아보기

* 나의 인간관계 유형을 돌아보며 중요한 이유나 개선점을 소개해 보자

유형	중요한 이유 / 개선사항

친구 관계란?

얼마 전 우연히 텔레비전 채널을 돌리다 집사부일체에 절친 편을 보게 되었다. 집사부일체의 팬임이 드러나는 듯하다. 우리가 가끔 짜장과 짬뽕을 외치며 둘이 동시에 대답을 해서 얼마나 일치하는지를 보여주는 것도 하고 같이 노래와 게임을 하며 다양한 것들을 하고 마지막에 절친과 둘이 오리 배를 타고 가면서 '친구란 000이다'를 완성하며 프로그램이 끝난다. 한참 강의 준비를 하다 보면 수업에 활용할 자료들을 발견하고 유레카를 외치는 순간이 있다. 이 날도 그랬던 것 같다. 이상윤의 친구로 나온 사람은 장나라인데.... 진정한 우정이란? 친구란?이라는 질문에 "돌탑 같다"라고 대답을 했다. 이유는 "둥근 돌, 네모난 돌, 이가 맞지 않는데 공을 들여서 쓰러지지 않도록 조심스레 올려놓잖아요."라고 대답했다. 공감이 되었다. 나에게 우정이란?, 진정한 친구란? 무엇인지 묻는다면 무어라고 대답할지 한번 고민해 보면 좋겠다. 사람의 이름이 떠오를 수도 있고 진정한 친구나 우정을 정의하는 개념이 떠오를 수도 있을 것이다. 편하게 떠오르는 것을 적어 보면서 친구 관계에 대해 점검해 보는 것은 어떨까?

최근에 나이가 드는 것인지 친구라는 말을 자주 되새김질하곤 한다. 아는 동갑내기 교수님들이 몇 명 있는데, 덕분에 즐겁게 학교생활을 하고 있는 지도 모른다. 그중 한 분은 카톡을 하면 '그대도...'라는 말을 한다. 처음엔 '그대도'라는 말이 어색함으로 다가왔는데, 가끔 들으며 익숙해지니 멋진 말처럼 느껴지기 시작했고... 언젠가부터 나도 먼저 '그대도'라는 말을 해주곤 한다. 남편도 없고 애도 없고 시부모님도 없는 내가 주위에 결혼한 교수님들의 마음을 다 헤아릴 수는 없겠지만 함께 있어 주고 함께 들어주고 함께 기뻐해 주는 것만으로도 큰 위로가 되는 듯하다.

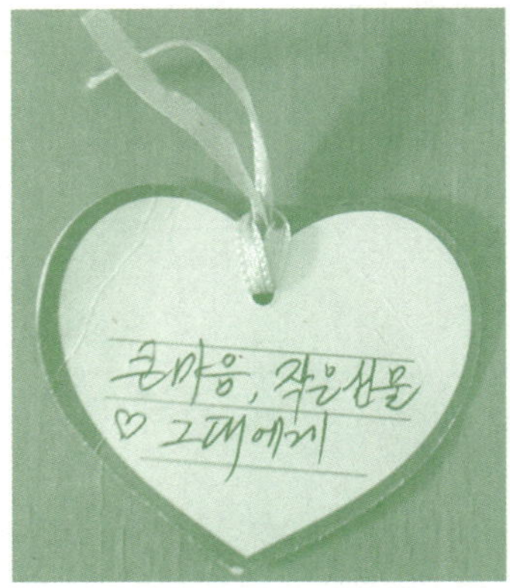

카페에서 일하는 것을 좋아하기에 아는 교수님들 댁 근처의 카페로 출동하는 일도 가끔 있다. 일도 하고 만나서 이야기도 나누고... 그날도 평소처럼 일하다 만나서 식사도 하고 커피도 마시고 자연스럽게 헤어졌다. 집에 돌아오는 길에 "오늘 벗이 찾아와 기뻤습니다. 마음의 얘기를 나누고 함께 눈시울을 적실 수 있는 벗이라 참 좋습니다"라는 카톡을 받고 한참 마음이 찡했다. 친구란 '그냥 마음이 먼저 가 있고 조금이라도 챙겨주고 싶은 사람인 것 같다'는 생각이 들었다. 예전에는 인사만 하고 지내던 분인데, 어느덧 마음을 나누는 사이가 되었으니.... 함께한 시간만큼 쌓여가는 우정이랄까!

데이비스와 토드(1982)의 연구를 소개해 보고자 한다. 250명의 대학생과 일반인을 대상으로 우정의 가장 대표적인 특징을 조사한 연구인데, '함께 있으면 즐겁다', '있는 그대로 받아들인다', '서로 깊게 신뢰한다', '서로 존중한다', '서로 도와주고 믿을 수 있다', '서로 비밀이 없다', '서로 이해할 수 있다', '있는 그대로 내보일 수 있다' 등의 내용이 나왔다고 한다. 여러분이 생각하는 우정의 특징에는 어떤 것이 있을까?

네이버 사전에서는 친구를 '가깝게 오래 사귄 사람', 다음 사전에서는 '오래도록 친하게 사귀어 온 사람'이라고 소개한다. 친구 관계는 다른 인간관계와 다르게 수평적이고 민주적이며 대등한 관계라 할 수 있다. 또한 경쟁보다는 자유롭고 편안하며, 의무나 구속력이 상대적으로 적어서 관계 유지를 위한 노력이 필요하고, 개인의 자유에 따라 관계를 맺고 유지하고 끝내는 것이 가능하다. 친구 관계는 실리적인 목적을 추구하기 위한 것이 아니며 서로 공유할 또는 공유하는 삶의 영역이 큰 편이다. 어찌 보면 가장 순순한 인간관계라 할 수 있다.

논어 계씨 중에 공자가 이야기한 유익한 친구와 해로운 친구에 대해 들어본 적이 있을 것이다. 유익한 친구에는 정직한 사람, 신의가 두터운 사람, 견문이 풍부한(박학다식한) 사람이라고 했고, 해로운 사람은 편벽한 사람, 아첨 잘하는 사람, 말만 그럴 듯하게 잘 둘러대는 사람이라고 했다.

나에게 진정한 친구는?	
나에게 진정한 우정은?	

친구 관계를 맺는 이유는 무엇일까?

사람들은 왜 친구 관계를 맺는 것일까? 이는 친구의 기능적인 부분을 살펴보면 답을 찾을 수 있다. 각자 친구를 통해 얻고 있는 이득을 살펴보면 될 듯하다.

첫째, 친구에게는 다른 사람에게 말 못할 고민을 편안하게 털어 놓고 정서적인 위안을 얻고 지지를 받을 수 있다. 그래서 친구는 공감자이며 지지자로서의 역할을 한다. 나의 친구 범위에서 가장 많은 직업을 가진 사람은 교수이다. 가깝게 지내는 교수님들과 나는 학교생활에 대한 소소한 것들을 함께 이야기하며 울고 웃고 한다. 뿐만 아니라 다른 사람들에게 쉽게 개방하기 어려운 가족 관계의 이야기도 나누며 동병상련하곤 한다.

둘째, 같은 시대에 비슷한 환경이나 조건에서 살고 있기에 친구가 내 삶을 평가하는 기준이 되기도 한다. 나 같은 경우에도 동료 교수님들이 내 삶의 준거로 작용하는 경우가 많다. 비슷한 연령대의 친한 교수님들이 외부 일을 얼마나 하는지, 때론 강의를 얼마나 열심히 하고 있는지, 학생들과 얼마나 잘 소통하는 교수인지를 눈여겨보면서 나 스스로를 성찰하고 성장할 기회로 삼곤 한다. 물론 이것이 준거로 작용하고 성장에 도움이 되는 정도는 좋은 것이지만, 비교의 준거로 작용해 스트레스를 받을 정도가 되면 안될 듯하다.

셋째, 친구와는 즐거운 활동을 함께 할 수 있다. 때로는 모임을 형성해서 같이 생일 선물도 교환하고 맛집을 검색해서 생일 파티도 하고 함께 여행을 하기도 하고 공통된 관심이 있으면 취미활동을 같이 하기도 한다. 나의 경우도 몇 해 전에 친한 교수님과 단둘이 당일치기로 부산 센텀시티로 여행을 다녀온 적이 있다. 신나게 돌아다니며 웃고 즐거운 시간을 보냈다. 그리고 식당가에서 한복을 입고 앉아 있는 다른 손님을 보고 궁금함을 가지고 들어가서 즉석떡볶이를 만들어 먹기도 하고, 백화점에서 같은 오리털 파카를 구입하기도 했다. 웃으면서 '같이 학교에 입고 오면 어떡하죠?'라고 걱정 아닌 걱정을 했었다. 정말 예상했던 일이 벌어지고 말았다. 최근에는 둘 다 이 옷을 입고 학교에 오지 않는다는 사실~

넷째, 친구는 소속감을 준다. 누구랑 친하다는 것만으로도 어딘가 소속된 느낌이 든다. 그리고 친한 사람들 여럿이 서로 잘 아는 사이여서 모두 친구처럼 지낸다면 더 소속감을 갖게 되기도 한다. 그리고 모임의 이름을 정하기도 하고 정기적으로 회비를 걷어 모임 때 식사도 하고 경조사에 선물을 하기도 한다. 최근엔 학교 여자 교수님들과 5명 정도 친해지면서 모임의 이름을 정했는데.... 미모와 관련한 이름이고 여자들의 수다와 관련한 이름이 정해졌다. 우리도 인정하기 힘들지만 다른 사람들은 더 인정하기 힘들 수도 있는 이름이다. 그리고 생일즈음해서 모임을 갖고 가끔은 일탈(일상탈출)을 꿈꾸며 가까운 곳으로 맛집을 찾아 여행을 가기도 하고, 예쁜 카페에서 왕수다를 떨거나 각자의 일을 하기도 하며, 다양한 시도를 하며 소속감을 느끼고 있다.

다섯째, 친구는 서로에게 필요한 현실적인 그리고 실제적인 도움을 준다. 친구가 되면 서로를 알 수 있는 기회가 더 많아지고 서로에게 필요한 것이 무엇인지를 알아차릴 기회도 많아진다. 최근에 아는 교수님 중에 아들이 아이돌이라는 꿈을 가지게 되어 춤도 배우러 다니고 다이어트도 한다는 이야기를 친한 교수님들과 나누었다. 그런데 얼마 후, 다른 교수님의 아들이 피아노 전공을 했는데, 우연히 대구에 한 달 정도 머무를 기회가 생기면서 아들에게 피아노 레슨을 무료로 해 줄 수 있는지 묻고 오케이를 받아 아이돌을 꿈꾸는 중학생에게 피아노 레슨을 받고 싶은지 의견을 물어 오케이를 받았다. 그리고 자연스럽게 레슨을 해 주고 받는 일이 생겼다. 이처럼 서로의 고민을 듣고 도울 수 있는 연결점을 찾아주는 것도 아마도 친구이기에 가능한 것이 아닐까 싶다.

사랑에 신화가 있나요?

최근에 "흔들리는 꽃들 속에서 네 샴푸향이 느껴진거야"라는 노래가 인기를 얻고 있다. 가사가 얼마나 예쁘고 마음에 와닿는지.... 사랑하는 연인이 있다면 마음에 훅 들어올 것 같다. 사랑이란 무엇일까? 사랑을 주제로 한 대중가요도 엄청 많은데, 사랑의 의미부터 사랑의 아픔까지 다양한 내용을 담고 있는 듯하다.

사랑이 화학작용에 의한 것이라면 조금 더 쉽게 이해가 될 수 있을지? 사랑을 느끼게 해 주는 호르몬이 뇌에서 분비된다고 한다. 사랑에 빠진 사람은 뇌의 쾌락 중추가 활성화되어 있다. 사랑의 발전 단계부터 다양한 호르몬이 영향을 주고 있다. 사랑의 발전 단계를 4단계로 나누면 호감을 느끼는 친밀감을 형성하는 단계(도파민-낭만적인 사랑, 구애), 열정적인 사랑에 빠지는 자기를 드러내는 단계(페닐에틸아민-천연 각성제, 열정 분출, 소유욕), 신체적인 접촉에 의한 사랑의 완성단계인 상호의존 단계(옥시토신-행복감, 쾌감), 안정된 사랑 단계인 욕구충족 단계(엔돌핀-행복감, 쾌감)로 나눌 수 있다. 그리고 호르몬은 자기 신체에서 분비되어 자기 신체에 작용하는 것이고 페로몬은 자신이 분비해서 남에게 영향을 미치는 것으로, 이성을 끌리게 하는 것을 말한다(땀과 함께 분비).

'사랑은 이런 것이다. 또는 저런 것이다'라고 믿고 있는 신념에는 어떤 것들이 있을까? '사랑은 우연이나 필연에 의한 것이다'라는 운명론적인 신념을 가진 사람도 있고, '사랑하는 사람이면 모든 것을 공유해야 한다'는 믿음을 가진 경우도 있을 것이다. 여러분이 가진 사랑에 대한 신념에는 어떤 것이 있나요?

내가 가진 사랑의 신화 소개하기

사랑에 대한 믿음 또는 신념 중에 잘못된 것을 신화라고 표현한다. 내가 어떤 사랑의 신화를 갖고 있고 상대방이 어떤 사랑의 신화를 갖고 있느냐도 두 사람의 관계에 영향을 줄 수 있다. 사랑을 싹틔우기 시작할 때도, 서로 갈등을 경험할 때도 타협할 수 있는 여지가 이런 신화에 기초할 수도 있다.

사랑의 신화에는 어떤 것들이 있을까? '내 평생 진정한 사랑은 딱 한 번이다', '운명적인 사랑은 신이 맺어 주는 것이다', '나의 완벽한 이상형은 기다리면 꼭 나타날 것이다', '사랑하는 상대와는 모든 의견이 일치해야 한다'. '헤어졌다 다시 만나면 언젠가는 반드시 헤어진다', '첫사랑은 이루어질 수 없다', '4살 차이는 궁합을 안 보아도 될 정도로 좋다', '사랑은 쟁취하는 것이다', '사랑하면 콩깍지가 씐다', '사랑은 국경도 초월한다', '둘이 사랑하면 헤쳐 나가지 못할 일이 없다', '둘만 사랑한다면 가족의 반대는 문제가 되지 않는다', '사랑에 빠지면 엄청 행복할 거야. 온 세상이 핑크색으로 물들 거야'. 그냥 사랑에 대해 주위에서 들어 왔던 내용들을 떠오르는 대로 적어도 이렇게 많은 것들이 있다. 남들의 이야기도 중요하지만 이런 다양한 내용들 중에 내가 믿는 신념, 신화에는 어떤 것들이 있을까를 점검해 보면 좋겠다. 그리고 사랑하는 사람과 같이 사랑에 대해 믿고 있는 부분을 이야기 나누면서 조율해 보면 좋을 것 같다.

사랑의 3요소

Sternberg(1990)는 사랑의 삼각형 이론을 주장했다. 삼각형의 세 꼭짓점에 해당하는 요소들은 헌신, 친밀감, 열정이다. 헌신은 사랑의 차가운 측면으로, 내가 사랑을 지켜나가겠다는 의지, 책임감과 관련한 것으로 이성적이고 인지적인 측면이다. 헌신과 관련된 다양한 행동에는 서로를 아는 사람들에게 소개하며 연인 관계임을 공개하고 서로에 대한 책임을 상징하는 반지를 교환하는 등의 행동이 있다. 그리고 약혼이나 결혼을 결정하는 것에도 헌신이 중요한 역할을 담당한다. 열정은 예상되는 것처럼 사랑의 뜨거운 측면으로 사랑을 하게 되면 생리적으로 일어나는 변화들, 강렬한 욕망 등이 해당된다. 그리고 열정은 교제 기간이 길어지면 강도와 지속성이 떨어질 수 있다. 친밀감은 사랑의 따뜻한 측면으로 정서적인 부분과 관련된다. 정서적인 지지, 감정적인 교류 및 공유, 정보의 공유 등이 해당된다. 열정과는 상반되게 친밀감은 교제기간이 길어지면 친밀감은 상승하고 만나는 횟수가 많을수록 친밀감은 증가한다.

이 세 가지 요소가 있느냐 없느냐에 따라 사랑의 유형도 다양하게 나뉘어진다. 호감을 가지는 친구 관계에서는 친밀감, 열정, 헌신 중에 어느 요소가 관련될까? 친구 관계에서는 아마도 친밀감만 있는 단계일 것이다, 어렸을 때부터 짝사랑을 해 본 경험이 있을 것 같은데, 짝사랑은 어떨까? 도취적 사랑에 해당하는 짝사랑은 상대가 알든 모르든 관계없이 혼자의 사랑을 키워가는 것이기에 열정만 있다고 본다. 휴가나 여행 중에 만나 사랑을 이루는 낭만적인 사랑은 친밀감과 열정은 있지만 헌신은 없는 사랑 유형이다, 이런 유형은 짧은 시간에 친밀해지고 열정에 불타지만 서로를 책임지거나 상대방을 위해 또는 사랑을 위해 무언가를 포기하는 것은 어렵다. 이와는 달리 친밀감을 형성할 겨를도 없이 열정과 헌신으로 만난 지 얼마 안 되어 결혼을 결정하는 허구적인 사랑 또는 헐리우드적인 사랑 유형도 있다. 연예인들 중에 이런 사랑을 하고 잘 사는 커플들도 많이 있는 것 같다. 우애적인 사랑은 동반자적인 사랑 유형으로 친구처럼 결혼생활을 유지하는 유형으로 친밀감과 헌신은 있고 열정은 없는 사랑 유형이다. 연세 드신 부모님들 중에는 친밀감이나 열정이 식어서 헌신만 남아 책임을 다하는, 무늬만 부부인 분들도 있다. 자녀를 위해 형식적인 관계를 유지하는 부부가 보이는 사랑 유형이 바로 공허한 사랑이다. 마지막으로 완전한 사랑은 사랑의 세 가지 요소인 열정, 헌신, 친밀감이 고루고루 있는 유형이다. 사랑의 유형 중에 가장 이상적이고 바람직한 유형이라 할 수 있다.

대부분의 경우, 사랑의 발전 단계에 비추어 보면, 사랑의 형태는 시간이 흐르고 관계가 지속되면서 변화를 거친다. 처음에는 사랑의 세 가지 요소가 있는 완전한 사랑으로 시작되고 시간이 지나면서 열정이 식는 우애적인 사랑이나, 헌신만 남아 있는 공허한 사랑으로 변화를 겪기도 한다. 그리고 세 가지 사랑의 요소 중에 어느 하나가 유난히 길어도 균형적인 삼각형을 이루기 어렵다. 그리고 삼각형의 크기가 크고 작은 것에 따라서도 다르게 설명할 수 있을 것이다.

한국가이던스 사랑유형검사(무료 온라인 검사) 활용 경험 나누기

사랑에도 단계가 있다

사랑에도 단계가 있다는 것은 누구도 부정할 수 없을 것이다. 물론 첫 눈에 반해서 중간 단계를 생략하고 마지막 단계인 안정된 교환 단계로 훌쩍 넘어가는 경우도 있지만, 이는 극히 예외적인 경우라 할 수 있다. 또 처음 보고 '내 스타일은 아닌데...'라는 생각에 다음 단계로 넘어가지 못하고 종결을 맞이하기도 한다. 이와 같이 사랑의 단계가 있지만 모든 단계를 경험하는 것도 아니고 꼭 마지막 단계에서 종결하는 것도 아님을 알 수 있다. 그렇다면 사랑에는 어떤 단계들이 있을까?

사랑의 발전단계를 보통은 5단계로 이야기한다. 첫인상 단계, 지향 단계, 탐색적 애정교환 단계, 애정교환 단계, 안정된 교환 단계이다. 첫째, 첫인상 단계에서는 보통의 인간관계처럼 사람을 처음 만나서 외모나 행동 등을 관찰하고 '이 사람은 이런 것 같다'라는 인상을 형성한다. 그리고 형성된 첫 이미지가 부정적이라면 이 단계에서 종결을 경험하기도 한다.

첫인상 단계에서 무난하거나 긍정적이라면 두 번째 단계인 지향 단계로 넘어간다. 이 단계에서는 피상적인 정보만을 교환하며 서로 호감을 갖고 있는지를 집중적으로 탐색한다. 따라서 서로 긍정적인 인상을 심어 주려 하고 상대방의 단점을 지적하거나 비판이나 비난을 가급적 피하며 약간은 긴장된 관계를 형성한다. 이 단계에서 한쪽만 호감을 보이거나 둘 다 호감을 보지지 않는 경우에는 종결하기도 한다. 대부분 많은 경우에 지향 단계에서 종결을 한다.

지향 단계에서 호감을 형성한 경우 탐색적 애정교환 단계로 넘어간다. 탐색적 애정교환 단계는 형식적이고 초보적인 애정교환 단계로서 내가 호감을 갖고 있음을 상대방에게 알리려 하고, 상대방도 호감을 갖고 있는지 여부를 확인하려 한다. 따라서 예민하고 불안정한 단계라 할 수 있다. 또 이 단계에서 상대방에게 거부를 당하면 아픔을 겪는다.

다음 단계는 애정교환 단계로 암묵적으로 연인임을 인정하는 단계이다. 선물을 주고받으며 자주 만나지만 아직 사랑에 대한 확신은 없는 단계이다.

마지막 단계가 안정된 교환 단계로 이 단계에서는 '이 사람과 쭉 함께 해도 좋겠다'라는 확신을 갖게 되는 단계이다. 이렇게 해서 결혼으로 이어진다.

Hill(1979)의 연구에 의하면, 사랑에 실패한 커플은 처음 2년 동안 밀착되지 않고 평등한 관계를 유지하지 못한 것이 주원인으로 나타났다. 즉 한쪽이 다른 한쪽보다 더 많은 관심을 가지고, 여러 가지로 관계를 위해 투자를 많이 하고, 둘 간에 서로 비슷한 점이 적었던 것으로 나타났다.

그렇다면 누군가를 만나 사랑하는 관계로 발전하기 위해서는 어떤 노력이 필요할까? 이런 5단계가 보편적이라면 각 단계마다 관계를 유지하고 성장시켜 가기 위해 우리가 할 수 있는 노력에는 어떤 것들이 있을까? 이를 고민해 보면 좋을 듯하다.

사랑의 단계	우리가 할 수 있는 것
첫인상 단계	
지향 단계	
탐색적 애정교환 단계	
애정교환 단계	
안정된 교환 단계	

결혼의 의미

'결혼은 해도 후회하고 안 해도 후회한다'는 말을 한다. 그래서 어떤 사람은 하고 후회하는 쪽을 선택하고, 또 다른 사람들은 안하고 후회하는 쪽을 선택한다. 일본의 사회, 경제적인 흐름 중에 우리나라에서 유사하게 따라서 나타나는 것들이 여러 가지가 있다. 그중에 하나가 결혼이다. 최근 일본에서는 프리터족이라고 해서 돈이 떨어지면 아르바이트를 해서 일을 하며 생활하는 젊은이들이 있다. 프리터족은 특정한 직업 없이 갖가지 아르바이트로 생활하는 젊은 층을 일컫는 말로 Free(프리) + Arbeit(아르바이트)를 줄인 말로 90년대 초반 일본에서 경제 불황으로 인해 직장 없이 갖가지 아르바이트로 생활하는 청년층에게 붙여진 신조어이다. 프리터족은 연애에 대해서도 결혼에 대해서도 부정적이다.

'나는 결혼에 대해 긍정적인가? 부정적인가?'를 고민해 보면 좋을 듯하다. 부모님의 결혼 생활이 나의 결혼 선택에 영향을 주기도 한다. 오랜 시간의 만남을 통해 구애할 경우 결혼 성공 확률이 높다고 한다. 또한 결혼 연령이 낮거나 만혼인 경우에는 이혼율과 상관이 있으며 우리나라 통계지표에서 살펴보면, 이혼 사유로 가장 높은 것은 성격차이, 경제문제 등으로 나타났다. 그리고 최근 뉴스에서 이상적인 결혼 나이로 30대 초반이라는 보고가 있었는데, 나는 몇 살에 결혼을 할 생각인지 그리고 자녀 계획은 어떤지 등을 고민해 보는 것도 필요할 것이다.

결혼은 완벽한 사랑의 실현이며, 사랑하는 사람들이 서로 책임과 헌신을 약속하는 것이다. 그렇다면 결혼이 주는 그 외의 의미에는 어떤 것이 있을까? 결혼은 합법적으로 성관계를 할 수 있으며, 이를 통해 자녀 출산을 할 수 있다. 그리고 경제적인 안정 및 서로에게 심리적인 안정감을 제공해 주며, 살면서 경험하는 다양한 희노애락의 경험을 공유한다. 또한 결혼 적령기를 전후해 결혼을 한다는 사회적인 기대가 있는데 이를 부합시켜 주기도 한다. 결혼 적령기를 지나서 미혼으로 있을 경우, 집안의 대소사 모임이 있으면 꼭 어르신들이 던지는 한마디가 있다. "언제 국수 먹여줄 것인지?, 결혼할 남자(여자)는 있는지?" 등의 질문공세를 받기도 한다. 이처럼 결혼을 통해 '사회적으로 해야 한다'라는 암묵적인 틀을 지킨 것으로 간주되기도 한다.

결혼에 골인하게 되는 데는 여러 가지 과정을 거치게 된다. Udry(1971)는 배우자를 선택함에 있어서 선택 과정에 대한 여과망 이론을 주장했다. 배우자를 선택할 동안에 6개 정도의 여과망을 통과하며 선별해 간다는 주장이다. 처음에는 주위에 다양한 관계로 만나는 미혼의 사람들이 데이트 상대로 정해질 수 있다. 그리고 근접성 여과망을 통과하면서 같은 또는 가까운 직장이나 거주지가 비슷한 또는 동호회처럼 정기적으로 만남을 가질 수 있는 사람들이 결혼 가능성이 있는 대상으로 선정된다. 그중에서 매력 여과망을 통과하게 된다. 호감이 가는지, 매력적인지 끌림이 있는지 등과 같이 신체적인 요인을 먼저 살펴보고 장기적으로는 성격이나 능력 등과 같은 요인을 검증해 가면서 또 한 번의 선별 과정을 거치게 된다. 그리고 나서 인종, 연령, 종교, 지위, 직업, 교육 수준, 경제적인 수준이 유사한지에 대한 사회적 배경 여과망을 적용한다. 다음으로는 유사한 태도나 가치관을 갖고 있는지에 대한 점검을 하는 상호의견일치 여과망을 적용하고 서로에게 도움을 주고 보완해 줄 부분이 있는지에 대한 상호보완성 여과망을 통과한 후 결혼 준비 상태의 여과망을 통과해야 결혼에 이르게 된다는 것이다. 결혼 준비 과정에서 두 사람이 확인하고 협의해야 할 부분은 직업의 조화, 맞벌이를 할 경우 일어날 문제에 대해 예상해 보고 같이 논의를 해 보는 것도 필요하다. 특히, 최근에는 육아나 가사 분담에 관한 부분도 서로 책임감 있게 담당해야 하기에 결혼 전에 충분히 숙고의 과정을 거치는 것이 필요하다. 이런 주제를 최근 드라마에서도 많이 다루고 있다.

생각해 봅시다

* 결혼할지 말지? (안 한다면 안 하는 이유?/ 한다면 하려는 이유는?)

* 한다면 몇 살에 할지?

* 한다면 자녀 계획은?

* 한다면, 배우자 선택에서 우선적으로 고려할 요인 3가지는?

떼려야 뗄 수 없는 가족 관계

가족을 정의하는 것도 쉽지 않은 것 같다. 고전적 정의로 살펴보면, 가족은 부부 관계를 기초로 하여 부모-자녀 관계, 형제 관계 등 소수의 사람이 주요한 관계를 형성하며, 서로 깊은 정서적 끈으로 연결된 제1차적인 복지를 추구하는 집단이라 할 수 있다. 그러나 가족은 물리적, 심리적 공간을 점유하는 개인들의 집합체 이상이며, 하나의 사회적 체계를 가지고 있다.

다른 대인관계 영역과 달리 가족 관계에는 독특한 특성들이 있다. 첫째, 부모를 내가 선택해서 태어날 수 없는 것처럼 가족은 내가 선택해서 구성하는 것이 아니라 출생과 동시에 부여된 또는 주어진 인간관계라 할 수 있다. 물론 가족의 하위 체계인 부부 관계는 예외라 할 수 있다. 부부는 결혼을 선택해서 맺어지는 것이니까. 둘째, 가족은 이해관계로 맺어지는 것이 아닌 혈연 공동체이며 함께 생활하며 소유물을 공유하는 운명 공동체이다. 셋째, 가족 관계는 예외적인 경우(이혼, 의절)를 제외하고는 관계를 끊거나 단절할 수 없고 살아 있는 동안 지속된다. 마지막으로 가족을 모빌에 비유하는 것처럼 서로 영향을 주고 받는 역동적인 체계이다. 즉 가족도 규칙, 세력, 역할, 구조, 의사소통의 유형을 발전시켜 나간다. 또한 가족 관계에는 부부 관계, 부모-자녀 관계(부자 관계, 모녀 관계 등), 형제 자매 관계 등과 같이 또 다른 하위 체계로 구성된다. 가족을 비유해 보면 중요하게 생각하는 의미나 가족에 대한 가치관 등을 살펴볼 수 있다.

생각해 봅시다

* 가족은 ______________________________ 이다.

왜냐하면 ______________________________ 이기 때문이다.

* 가족은 ______________________________ 이다.

왜냐하면 ______________________________ 이기 때문이다.

* 가족은 ______________________________ 이다.

왜냐하면 ______________________________ 이기 때문이다.

* 가족은 ______________________________ 이다.

왜냐하면 ______________________________ 이기 때문이다.

* 가족은 ______________________________ 이다.

왜냐하면 ______________________________ 이기 때문이다.

대학원에서 가족상담을 여러 해 강의하고 있는데, 강의 초반에 가족의 구조, 가치관, 가족 관계 등도 많이 변화하고 있음을 강조한다. 가족을 둘러싼 변화를 살펴보면, 무자녀-부부 가족이 증가하고 있고, 독신 가구, 비혈연 가구의 준가족적 형태의 가족 구성도 증가하고, 세계적인 이주화 현상(기러기 아빠, 결혼 이주

여성, 외국인 근로자, 새터민 가족 등)이 나타나고, 이혼과 재혼율이 증가하고, 혼인율 및 출산율은 감소하고, 초혼 연령이 증가(30대 전후)하는 것 등이 있다.

듀발(Duvall)은 가족생활주기를 이야기했다. 가족생활주기는 결혼부터 자녀의 출산, 자녀의 성장에 따라 다양한 변화를 경험하게 되는데, 이에 따라 대부분의 가족이 일반적으로 겪게 되는 변화 과정이다(권석만, 2017). 신혼부부기는 상호 만족스런 결혼 생할의 확립과 친족들과 조화를 이루는 시기이며, 자녀 출산기는 유아의 발달에 적응하는 시기이며, 자녀 학령전기는 에너지 소모와 사생활 시간 부족에 대처하는 시기이며, 자녀 학령기는 학령기 가족과 지역사회와 조화를 이루는 시기이며, 자녀 청소년기는 자유와 책임의 조화, 부모 역할을 마친 후의 관심과 진로를 확립하는 시기이며, 성인 자녀/자녀독립기는 지지적인 가정 기반을 유지하고 적절한 의례와 지원으로 초기 성인을 독립시키는 시기이며, 중년기는 결혼 관계를 재확립하고 노인 세대, 젊은 세대와의 관계를 유지하는 시기이며, 노년기는 사별과 혼자 사는 것에 대처하고, 노년에 대한 적응과 은퇴에 대해 적응해 나가는 시기이다. 이처럼 가족도 발달 단계를 거쳐 중점을 두고 해결해 나가야 하는 과업들이 있다.

가족생활주기와 부부의 결혼만족도는 어떤 관계가 있을까? 예측하는 것처럼 U형을 나타낸다. Jorgensen(1986)의 연구에 따르면, 결혼 초에 부부의 결혼만족도는 높았다가 결혼 기간이 지속되면서 낮아지다가 자녀가 떠나가는 시기, 50대 전후로 최저 수준에 달하게 된다. 그리고 노년기에 다다르면서 다시 서서히 상승하는 것으로 나타나 U자형을 그리는 것으로 나타났다.

다섯 가지 사랑의 언어

게리 채프먼(Gary Chapman)은 인정하는 말, 함께하는 시간, 선물, 봉사, 스킨십의 다섯 가지 사랑의 언어를 이야기했다. 다른 사람과의 관계에서 그 사람이 주로 사용하는 언어가 무엇인지를 이해한다면 훨씬 소통이 쉬울 것이다. 가족 관계에서 서로 편하기 때문에 이해해 줄 것이라 믿고 오히려 상대방이 원하는 언어로 이야기하기보다는 내 언어로만 이야기를 해서 갈등 관계에 놓이는 경우를 흔히 볼 수 있다. 특히, 연인 관계나 부부 관계에서 서로 사랑하지만 다른 언어를 사용한다면 사랑하는 마음이 잘 전달되지 않고 상처를 주고받을 수도 있다. 따라서 내가 주로 사용하는 사랑의 언어가 무엇인지 알고, 상대방이 주로 사용하는 사랑의 언어를 이해한다면 갈등도 적고 소통도 잘될 것이다. 우선 나의 언어를 알기 위해서는 상대방이 어떤 언어로 표현해 줄 때 사랑받고 관심받는다고 느끼는지를 알아보는 것이다. 상대방이 사용하는 언어를 알기 위해서는 언제 좋아하고 사랑받는다고 느끼는지를 관찰한다면 쉽게 알아차릴 수 있을 것이다. 물론 체크리스트를 통해 알아보는 방법도 있다.

첫째, 인정하는 말은 상대방이 하는 것에 대해 칭찬해 주고 관심을 가져 주고 이해해 주는 것과 관련된다. 인정해 주면 힘이 나고, 하는 일을 더 잘 해내는 경우라면 인정하는 말이라는 언어를 사용하는 사람일 가능성이 높다. 나는 인정하는 말이 나의 사람의 언어가 아니라고 부정하고 싶지만 사실 나도 인정하는 말을 많이 사용한다. 가족 관계에서도 "우리 딸은 이래요"라는 말을 듣고 싶어 하고 학창 시절 공부에 에너지를 많이 쓴 것도 잘한다는 칭찬이 그렇게 만든 것 같기도 하다. 그래서 가끔 나를 인정하지 않거나 당연한 것으로 생각하는 사람을 만나면 살짝 기분이 상하는 것 같기도 하다.

둘째, 함께하는 시간은 상대방에게 집중해 주는 시간으로 함께 시간을 보내는 것, 취미나 좋아하는 활동을 함께하거나 모임에 함께하는 것 등이 있다. 우리 가족 중에는 함께하는 시간을 언어로 사용하는 올캐가 있다. 남동생과 저녁에 운동(걷기)을 하며 도란도란 이야기 나누는 것을 좋아하는데, 퇴근하고 온 남동생은 피곤하다는 핑계를 대며 같이 나가기를 주저하는 일이 자주 있다. 두 사람의 언어가 다르기 때문에 생기는 작은 갈등이라 생각된다. 내가 놀러가도 올캐와 나는 저녁을 먹고 근처를 한바퀴 걸으며 이런저런 이야기를 나눈다. 물론 늘 운동을 하는 올캐에 비해 체력적으로 지쳐서 먼저 들어오는 일도 가끔 있긴 하지만, 올캐의 언어에 맞추기 위해 일단 걷기를 선택한다.

셋째, 선물은 우리가 생각하는 물질적인 선물을 의미한다. 선물에는 사랑하는 마음이 담겨 있고 상대방이 나를 생각하고 있다는 증표로 볼 수 있다. 우리 가족은 생일에 크고 작은 선물을 주고 받는다. 서로 축하해 주고 기뻐해 주며 선물을 한다. 그런데 의무적이기도 하지만 서로의 필요를 충족하는 선물을 준비하기가 쉽지 않아서 현금을 봉투에 담아 주곤 하는데.... 아마도 나의 경우 선물이 사랑의 언어가 아니기에 중요하게 고민하지 못하고 쉬운, 그리고 상대방이 더 좋아할 것이라 생각되는 현금을 주는 듯하다. 그래서인지 친한 교수님들과도 생일에 선물을 주고받기는 하는데, 크게 의미를 두지 않는 듯하다.

넷째, 봉사는 상대를 위해 기꺼이 희생하는 것, 상대에게 무언가 도움을 주는 것을 말한다. 주로 상대방을 위해 시간을 할애해서 하는 것들이 해당되는데, 맛있는 요리를 준비하는 것, 청소기를 돌리거나 설거지를 하는 등의 집안 일을 해 주는 것이 해당된다. 엄마를 생각하면 봉사를 언어로 쓰시는 듯하다. 딸이 올라간다는 말만 하면 저녁에 좋아하는 음식을 준비해 놓고 기다려 주신다. 엄마 집에 가면 양말 하나도 빨 틈을 안 주시고 손수 먼저 해 주시니.... 그리고 구정, 추석 등의 가족 모임에 늘 아들이 좋아하는 동그랑땡, 조카들이 좋아하는 식혜,

며느리가 좋아하는 녹두전, 가족 들이 좋아하는 만두, 오징어 초무침 등등을 미리 준비해 두신다.

다섯째, 스킨십은 손잡는 것, 키스, 포옹, 성적인 관계와 같은 신체적 접촉을 말한다.

사람마다 이런 다섯 가지 사랑의 언어 중에 어떤 언어를 주로 사용하느냐가 다르고 누구와의 관계에 있느냐에 따라 그리고 상황이 어떠냐에 따라 다른 사랑의 언어를 사용하기도 한다.

다섯 가지 사랑의 언어 체크리스트

* 각각의 문항을 읽고 두 타입 중 자신과 가장 가까운 설명에 체크하세요!

	문항	타입
1	나는 상대로부터 인정받는 말 듣는 것을 좋아한다.	A
	나는 상대가 안아 주는 것을 좋아한다.	E
2	나는 상대와 단둘이 보내는 시간을 좋아한다.	B
	나는 상대가 실질적인 도움을 줄 때 사랑을 느낀다.	D
3	나는 상대에게 선물받는 것을 좋아한다.	C
	나는 상대와 함께 산책하는 시간을 좋아한다.	B
4	나는 상대가 나를 도와줄 때 사랑을 느낀다.	D
	나는 상대에게 가벼운 신체 접촉을 받을 때 사랑을 느낀다.	E
5	나는 상대가 감싸 안아 줄 때 사랑을 느낀다.	E
	나는 상대에게 선물을 받을 때 사랑을 느낀다.	C
6	나는 상대와 함께 외출하는 것을 좋아한다.	B
	나는 상대와 손잡는 것을 좋아한다.	E
7	나는 상대가 나를 인정해 줄 때 사랑을 느낀다.	A
	나에게는 눈에 보이는 선물이 매우 의미가 있다.	C
8	나는 상대와 함께 붙어 앉는 것을 좋아한다.	E
	나는 상대가 나에 대해 매력적이라고 할 때 좋아한다.	A
9	나는 상대와 함께 시간 보내는 것을 좋아한다.	B
	나는 상대에게 작지만 선물 받는 것을 좋아한다.	C

10	나는 상대가 나를 도와줄 때 사랑을 느낀다.	D
	나는 이해해 주는 말들이 나에게는 중요하다.	A
11	나는 상대와 뭔가 함께 하는 것을 좋아한다.	B
	나는 상대가 해 주는 친절한 말들을 좋아한다.	A
12	나는 상대와 포옹할 때 완전함을 느낀다.	E
	나는 상대의 말보다 행동을 볼 때 더 감동한다.	D
13	나는 상대의 칭찬을 좋아하고 비판을 회피하는 편이다.	A
	나는 커다란 선물보다는 작지만 자주 받는 것을 좋아한다.	C
14	나는 상대가 자주 신체접촉 해 줄 때 더 친근감을 느낀다.	E
	나는 상대와 함께 뭔가 하거나 이야기할 때 친밀감을 느낀다.	B
15	나는 상대가 내가 해낸 일에 대해 칭찬하는 것을 좋아한다.	A
	나는 상대가 나를 위해 기꺼이 하기 싫은 일을 해 줄 때 진정한 사랑을 느낀다.	D
16	나는 상대와 걸을 때 손잡아(어깨감싸) 주는 것을 좋아한다.	E
	나는 상대가 내 이야기에 공감하면서 들어 주는 것을 좋아한다.	B
17	나는 상대에게 선물받는 것을 정말 즐거워 한다.	C
	나는 상대가 집안일을 도와줄 때 사랑을 느낀다.	D
18	나는 상대방이 내 외모에 대해 칭찬해 주는 것을 좋아한다.	A
	나는 상대가 내 기분을 이해하기 위해 시간을 내줄 때 사랑을 느낀다.	B
19	나는 상대가 나를 어루만져 줄 때 평안함을 느낀다.	E
	나를 돕는 상대의 수고에 사랑을 느낀다.	D
20	나는 나를 위해 수고하는 상대에게 고마움을 느낀다.	D
	아는 상대가 만든(준비한) 선물 받는 것을 좋아한다.	C
21	나는 상대가 나에게 전념(집중)할 때 그 느낌을 굉장히 좋아한다.	B
	나는 상대가 나를 위해 실제로 행할 때 느낌을 굉장히 좋아한다.	D
22	나는 상대가 선물과 함께 내 생일을 축하해 줄 때 사랑을 느낀다.	C
	나는 내 생일 때 의미 있는 말(카드에 쓰거나 직접)과 함께 축하해 줄 때 사랑을 느낀다.	A
23	나는 상대가 집안일을 도와 줄 때 사랑을 느낀다.	D
	나는 상대가 선물을 줄 때 나를 생각해 주는 것이라고 느낀다.	C
24	나는 상대가 선물과 함께 특별한 날을 기억해 줄 때 고마움을 느낀다.	C
	나는 상대가 끝까지 인내를 가지고 이야기를 들어 줄 때 고마움을 느낀다.	B

25	나는 상대와 장기간 여행을 즐긴다.(원한다)	B
	나는 상대가 내가 하는 일상적인 일에 충분히 관심을 기울여 주기를 바란다.	D
26	기대하지 않은 입맞춤이 나를 흥분시킨다.	E
	특별하지 않은 때라도 받는 선물은 나를 흥분시킨다.	C
27	나는 상대에게 고맙다는 말 듣는 것을 좋아한다.	A
	나는 상대가 이야기하는 동안 나를 바라보는 것을 좋아한다.	B
28	나는 상대가 준 선물은 언제나 특별하고 좋다.	C
	나는 상대가 가벼운 신체 접촉해 주는 것을 좋아한다.	E
29	나는 상대가 얼마나 나에게 고마워하고 있는지 말해 줄 때 사랑을 느낀다.	A
	나는 상대가 내가 부탁한 일에 최선을 다해 줄 때 사랑을 느낀다.	D
30	나는 매일 가벼운 신체 접촉을 원한다.	E
	나는 매일 상대방의 지지하는 말이 필요하다.	A

출처: 장동숙, 활을호 역(2010). 5가지 사랑의 언어. 생명말씀사.

채점하기

* 자신이 체크한 곳의 알파벳이 각각 몇 개인지 세어 보세요.
  가장 많이 나온 숫자가 당신의 사랑의 언어입니다.

A 인정하는 말	B 함께하는 시간	C 선물	D 봉사	E 스킨십

나의 애착유형은?

애착은 생애 초기부터 영아(0~3세)가 부모와 같은 정서적 안정을 제공하는 사람인 양육자와 관계를 맺는 정서적인 유대를 의미한다. 아이의 애착행동(따라다니고 매달리는 행동)에 대해 엄마나 주양육자가 일관성 있고 수용적인 행동을 보이면 안정 애착을 형성하지만 일관성 없이 또는 부적절한 반응으로 애착 욕구를 충족시켜 주지 못하면 불안정 애착유형을 형성하게 된다. 그리고 애착은 한 명과만 형성하는 것은 아니고 다양한 여러 사람과 애착을 형성할 수 있다.

애착은 발달심리 관련 논문의 주요 주제이기도 했다. 가장 잘 알려진 실험은 에인스워스와 동료들의(Ainsworth, Blehar, Waters & Walll, 1978) 낯선 상황 실험으로 낯선 상황에서 보이는 아동들의 반응을 통해 부모를 비롯한 주 양육자와의 관계를 파악해 애착유형을 분류한다. 낯선 상황 실험은 낯선 사람과 주 양육자인 엄마와 아이가 한 방에 있는 상황에서 엄마를 지원자로 생각하고 자유롭게 탐색활동을 보이며 놀이를 하는지, 아니면 엄마를 못 떠나는지를 관찰하고, 이어서 엄마가 아이에게 잠시 나갔다 온다는 말을 하며 떠나는 경우, 아이가 보이는 반응이 어떤지, 그리고 잠시 후 엄마가 돌아왔을 때 아이가 보이는 반응이 어떤지를 관찰해서 애착유형을 판별하는 검사이다. 애착유형은 안정 애착유형과 불안정 애착유형(회피, 혼동, 양가적 애착유형)으로 구분할 수 있다.

첫째, 안정 애착유형은 낯선 상황에서 엄마를 안전기지 삼아 주위를 탐색하고 엄마가 떠나면 당황해 하고 불안함을 느끼지만, 엄마가 돌아오면 반갑게 맞이하고 쉽게 안정을 찾고 다시 탐색활동을 한다. 안정 애착유형을 보인 아동은 이후에도 타인에 대한 신뢰감을 형성하고 친밀하고 안정된 대인관계를 형성한다.

둘째, 불안정 애착유형 중 회피적 애착유형은 낯선 상황에서도 놀이를 하고 엄마가 나가도 울거나 보채지 않고 놀이를 하며, 엄마가 돌아왔을 때도 관계없이 무시하거나 회피 반응을 보인다. 회피 애착유형은 엄마가 지속적으로 아이의 행동에 대해 거부적인 반응을 보이는 경우로 아이는 애착 행동을 포기하고 혼자만의 놀이를 하며 애착 대상을 피하는 반응을 보인다. 이런 유형은 이후에도 타인에 대해 관심이 없고 친밀한 관계를 맺으려 하지 않는다.

셋째, 불안정 애착유형 중 양가적 애착 또는 양가 저항적 애착유형은 낯선 상황에서 엄마와 떨어지지 못하고 불안해 하며 탐색활동을 별로 하지 않는다. 그리고 엄마가 떠나면 심하게 불안을 보인다. 마트에서 많이 볼 수 있는 징징대는 아이들이 이 유형으로 분류된다. 또 엄마가 돌아왔을 때도 엄마가 안아주어도 반기는 대신 엄마를 밀어내는 양가적인 태도를 보인다. 이런 유형은 이후에 다른 사람의 인정이나 사랑에 지나치게 의존하는 경향을 보이며, 타인의 사랑을 못 믿어 다른 사람의 거부에 지나치게 과민하게 반응하는 경향을 보일 수 있다(손영화, 2016).

넷째, 불안정 애착유형 중 혼동 애착유형 또는 혼란 애착유형은 안정 애착유형처럼 편안하게 보이지만 재결합할 때 즉 엄마가 돌아왔을 때 선뜻 안기지 못하고 몸을 돌리거나 울면서 엄마로부터 뒷걸음질 치는 유형이다.

어렸을 때 어떤 애착유형을 형성했는지가 이후에 맺게 되는 다양한 대인관계에 영향을 준다. 흥미로운 것은 성인기에 보이는 애착유형이 영아기의 애착유형과 상당한 정적 상관관계가 있다는 것이다, 부모님과 나의 애착유형을 살펴보고 또 앞으로 결혼을 하고 자녀가 생긴다면 어떤 애착유형을 형성해야 할지에 대해 고민해 보면 좋겠다.

직장 상사 이런 유형 있다

직업은 개인이 일정 시기에 계속적으로 수행하는 경제 및 사회 활동으로서 보수가 따르는 일을 말한다. 가장 선호하는 직업이 무엇인지에 대해 질문을 했을 때, 최근에 만난 학생들의 대답 중에 두드러지는 것은 건물주, 편의점 점주 등이다. 학비나 용돈을 자기가 부담하는 대학생들이 많아지면서 아르바이트를 많이 하게 되고 이를 통해 돈의 중요성을 알게 되어 건물주나 편의점 점주가 돈을 쉽게 벌 수 있는 직업으로 인식해서 나오는 반응 같기도 하다.

평생 먹고살 걱정을 안 해도 된다면 직업을 가지려 하지 않을까? 또는 일을 하지 않을까? 그러나 아직까지 많은 학생들이 일은 해야 한다고 답을 한다. 그렇다면 사람들은 왜 직업을 가지려고 할까? 왜 일을 하려는 것일까? 첫째, 경제적인 의미, 생계유지 수단으로서 직업을 갖는 경우이다. 먹고사는 문제와 직결되어 일을 하고 직업을 가지려는 것이다. 기본적인 생리적 욕구를 충족하기 위함이다. 둘째, 사회적인 의미, 사회생활 및 봉사의 수단으로 직업을 가지려 하고 일을 하는 것이다. 누군가에게 도움을 주고 사회 발전에 기여하기 위해 사회 일원으로서 역할을 담당하기 위함이라 할 수 있다. 셋째, 심리적 의미, 자아실현의 수단으로서 일을 하는 것이다. 자신의 꿈을 이루고 자신이 이상적으로 생각하는 몸담고 있는 영역에서 성취감을 맛보기 위해 일하기도 한다. 나의 경우에도 물론 교수라는 직업을 통해 수입을 얻어 생계유지를 하는 부분도 있지만, 현재는 내가 관심 있어 하는 학문 분야에서 어느 정도의 성취감을 맛보고 학생들을 교육하는 데 더 큰 의미가 있기에 자아실현의 수단과 봉사의 수단으로서 직업을 갖고 있다고 볼 수 있다.

직업을 갖고 직장 생활을 하다 보면 여러 구성원, 상사나 부하 또는 동료와 함께 공동의 목표를 이루기 위해 힘을 모아야 하는 상황을 마주하게 된다. 특히, 최근에는 협업을 중시하고 팀으로 나누어 평가를 하는 경우도 많다. 직장 상사의 유형을 팀의 구성원에 대한 관심과 업무에 대한 관심이 어느 정도인지에 따라 다섯 가지 유형으로 나누어 살펴볼 수 있다.

유형	특성
이상형	가장 바람직한 유형으로 인간, 업무에 대한 관심이 높아 같은 팀 내의 구성원의 사기와 협동을 중요시함
타협형	인간과 업무 성과에 대해 적절한 관심을 가지고 있으며, 둘 간의 균형을 유지하려는 유형임
인기형	팀 내 구성원에 대한 관심은 높은 반면, 조직의 목표나 업무 성과에는 관심이 없음. 분위기를 좋게 하고 잘 유지하지만 업무적인 부분에서 부족함
과업형	팀 내 구성원에 대한 배려가 거의 없고 업무 성과에 대한 관심만 높음. 능력 중심으로 구성원을 평가하고 개인의 감정이나 팀의 분위기는 전혀 고려하지 않음. 인간적인 면이 결여됨
무심형	팀의 구성원뿐만 아니라 업무에 대한 관심도 낮음. 오직 자신의 자리를 보존하는 데 필요한 최소한의 노력만을 기울이는 유형임(무사안일형)

출처: 김종운 (2016). 만남 그리고 성장을 위한 인간관계 심리학. 학지사

아주 오래 전에 발견해서 많이 강의하며 사용했던 리더에 대한 자료가 있다. 최악의 리더는 어떤 사람일까? 리더가 그 분야에 무식한 경우, 리더가 무식한 데다 소신이 있는 경우, 리더가 무식한 데다 부지런한 경우이다. 상사가 담당하는 분야에 대해 모른다고 생각하면 정말 좌충우돌할 일이 많아진다. 한마디로

리더가 업무와 관련해서 중심 축이 되어야 하는데도 불구하고 믿고 따르기 어려울 수 있다. 여기에 더해서 소신이 있다는 것은 어떤 것일까? 상사 자신의 의견이 틀리거나 부적절할 수도 있는데, 다른 대안에 대해 점검하지 않고 강하게 자기주장을 펴는 경우이니 더 곤란한 상황에 놓일 수 있다. 어찌 보면 심리적인 갈등까지 초래하는 경우라 할 수 있다. 마지막으로 '부지런한'이라는 조건이 붙은 것은 일은 안하면서 출근을 일찍 해서 간섭하는 상황을 묘사한 듯하다. 이런 상사를 만난다면 고통이 더해질 듯하다.

그렇다면 일반적으로 따르고 싶은 리더의 특성에는 어떤 것이 있을까? 아래 표의 빈 칸을 채워보자. 그리고 자기 점검도 해보면 좋겠다.

모르면서, 모른다는 사실을 모르는 사람은 바보다. -그런 사람을 (3자). 모르면서, 모른다는 사실을 아는 사람은 어린애다. -그런 사람을 (4자). 알면서, 안다는 사실을 모르는 사람은 잠든 사람이다. -그런 사람을 (4자). 알면서, 안다는 사실을 아는 사람은 지혜로운 사람이다. -그런 사람을 (3자).

모르면서, 모른다는 사실을 모르는 사람은 바보다. -그런 사람을 (피하라). 모르면서, 모른다는 사실을 아는 사람은 어린애다. -그런 사람을 (가르쳐라). 알면서, 안다는 사실을 모르는 사람은 잠든 사람이다. -그런 사람을 (일깨우라). 알면서, 안다는 사실을 아는 사람은 지혜로운 사람이다. -그런 사람을 (따르라).

직장 내 스트레스와 대처

박사과정이 개설이 안 되어 졸업한 선배들도 조교를 하며 기다리고 있어 학과 조교를 하기도 힘든 상황이었는데, 석사 3학기 때 지도교수님의 제안으로 다른 대학에 같은 학과 조교를 하게 되었다. 물론 지방에 있는 대학이어서 기차로 통학을 했다. 낯선 지역, 대학, 교수님들, 직원 선생님들, 학생들 그리고 조교 역할.... 모든 것이 처음이라는 생각이 들었다. 정말 새롭게 인간관계를 형성해야 하는 커다란 숙제가 있었다. 이것이 아마 직장에 처음 입사하면 만나게 되는 가장 큰 스트레스일 수 있을 것 같다. 다행히 나의 경우는 다른 대학에서 온 석사 과정생이기에 학과 교수님들을 비롯해 다른 분들도 조금 더 조심해 주고 챙겨 주어서 잘 적응할 수 있었다.

그러나 다른 학과의 조교들은 타 대학에서 온 서울 사람인 나를 쉽게 일원으로 받아들여 주기 어려웠을 것 같고, 같은 단과대학에 있어도 각자 자기 학과 사무실에서 근무하기에 접촉할 기회도 많지 않은 터라 친해지는 데 시간이 필요한 부분이었던 것 같다. 이런 약간의 심리적인 갈등이 기억날 정도이고 나중에는 몇 명의 조교들과 많이 친해져서 입시 때는 새벽에 출근을 해야 하는 상황이라 친해진 조교 선생님이 자기 집에서 재워 주기까지 할 정도로 많이 친해졌다.

직장생활을 하면서 경험하는 어려움이나 스트레스의 주요한 요인은 무엇일까? 조사 결과에 따르면, 업무와 관련한 지식이나 내용은 15% 정도이고, 나머지 85%에 해당하는 것이 인간관계로 나타났다. 직장 생활에 잘 적응하기 위해서 꼭 거쳐야 하는 관문이 좋은 인간관계 형성이라 할 수 있다. 직장 내 인간관계에서 대표적인 스트레스 유형을 살펴보면, 첫째, 내가 경험했던 것처럼 입사 후 새로운 인간관계를 형성해 나가는 과정이라 할 수 있다. 둘째, 동료들 간의 갈등이고 셋째, 업무를 지시하는 상사와 부하 직원 간의 갈등, 넷째, 직장 분위기에 적응하지 못하는 것으로, 조직마다 갖고 있는 독특한 문화(가치, 태도, 신념, 언어 등)에 적응하지 못하고 어려움을 경험하는 것이다. 직장 분위기는 만들어 가는 것이긴 한데, 세대 차이나 성별 차이 등도 영향을 줄 수 있는 부분인 것 같다.

그럼 직장 내 인간관계를 잘 유지하기 위한 방법에는 어떤 것들이 있을까? 모든 인간관계에 적용되는 부분들과도 살짝 겹쳐지는 내용일 수 있다. 대상만 바꾼다면.... 첫째, 자신의 업무에 필요한 능력과 기술이 잘 갖추어져 있어야 한다. 아는 만큼 보인다고 했으니 나의 업무와 관련한 기초적인 지식이나 능력은 반드시 선수되어야 할 부분이다. 둘째, 적극적이고 긍정적인 태도를 갖는 것이다. 강의실에서 만나는 학생 중에도 눈에 띄는 학생들은 긍정적인 태도를 지닌 그리고 밝은 표정의 학생들이다. 거기에 발표할 때 또는 다른 활동을 할 때 적극적으로 참여를 한다면 금상첨화인 것 같다. 셋째, 동료들과 조화를 이루려는 자세이다. 너무 튀거나 너무 이상하게 독특하면 쉽게 친해지기 어렵고 편안한 인간관계를 형성하는 데 어려움을 줄 수 있다. 넷째, 원만한 인간관계를 유지하기 위한 능력이 필요하다. 이전에 언어적, 비언어적인 대인관계 기술들을 다루었으니 참고하면 될 듯하다.

직업별로 스트레스를 조사한 결과, 스트레스가 가장 많은 직업은 쇼핑 호스트로 나타났으며 프로게이머, 보조 출연자, 고객 상담원, 택배원, 건축설비기술사, 상품중개인 및 경매사 등도 스트레스가 많은 편에 속했다. 스트레스가 가장 적은 직업은 시인이었으며, 작사가, 작곡가, 연주가, 자동차 디자이너, 자연환경 안내원, 지휘자 순으로 나타났다. 스트레스가 적은 10위권 안에 4개 직업이 음악 관련 직업으로 스트레스가 적은 것으로 분석됐다(공감언론뉴시스 통신사 2019. 4. 7.).

취업포털 커리어에서 직장인 1,118명을 대상으로 월급쟁이 직장인의 서러운 순간을 조사한 결과, 1위는 '하라는 대로 했는데 시키는 대로만 했다고 혼날 때'이고 2위는 '죽도록 하고 있는데 아직 부족하다고 지적받을 때'로 나타났다. 그 외 '불금인데 모두들 집에 가고 나만 회사에 남아있을 때', '올해가 7월인데 아직 휴가 한 번도 못 썼을 때', '보고서 작성 후 원인도 모른 채 반려될 때', '이성친구와 헤어진 이유가 회사생활로 바빠서 일 때', '집보다 회사가 편하다고 느껴질 때' 등의 내용이 있었다(MBN 뉴스 2016. 07. 11.). 직장인들에게 위로가 필요한 순간이기도 할 것 같다.

위로 포비아

'위로'와 '포비아(Phobia)'가 합쳐진 신조어로 속마음을 털어 놓고 위로받는 것을 두려워 하는 공포증을 뜻하는 말이다.

서울경제신문이 취업포털 인크루트를 통해 회원 273명에게 설문한 결과, 20대의 88.5%가 '본인의 상황·속마음을 털어놓고 싶지만 머뭇거린 적이 있다'고 응답했고 속마음을 터놓지 못하는 이유로는 '속마음을 털어놓으면 호구가 될까 봐', '그게 추후에 내 약점이 될 거라고 생각해서', '서로 사정을 공감해 줄 만한 시간적 감정적 여유가 없어서', '내 말이 강요되거나 오해의 소지를 남길까 봐' 등으로 나타났다.

직업만족도와 관련 요인

직업을 갖고 있는 사람들은 자신의 직업이나 직무에 어느 정도 만족할까? 그리고 어떤 직종의 사람들이 직업만족도가 높을까? 한국고용정보원 분석에 따르면, 연령대로는 40대가 만족도가 높은 것으로 나타났고 학력이 높을수록 직업만족도가 높은 것으로 나타났다. 한국고용정보원이 최근 발간한 2017 한국의 직업정보 보고서에 따르면, 교육계열 교수 직업이 사회적 평판, 정년보장 등을 종합적으로 고려할 때 만족도가 가장 높은 것으로 나타났다. 반면 직업만족도가 가장 낮은 직업은 '보조 출연자'로 나타났고 '건설 및 광업 단순 종사원', '어부 및 해녀', '주차 관리원 및 안내원', '포장원', '하역 및 적재 단순종사자', '표백 및 염색 관련 조작원', '택배원' 등도 만족도가 낮은 것으로 나타났다(공감언론 뉴시스 통신사 2019. 4. 7).

조사 결과에서처럼 교육계열 교수인 나의 경우에도 직업만족도가 높은 편이다. 직업만족도가 높은 이유를 살펴보면, 내가 하고 있는 직무에 대한 만족도가 높아서일 수 있다. 나의 직무는 학생들을 교육하고 상담하고 지도하는 일, 혼자 또는 교수들과 협업으로 연구하고, 지역 사회 등에 봉사하는 일이다, 직무만족이란 사전적인 정의에 따르면, 근로자들이 자신의 일에 관하여 만족하는 정도로 만족도가 높은 사람은 자신의 일에 긍정적인 태도를 지니고, 만족도가 낮은 사람은 자신의 일에 부정적인 태도를 지닌다.

학생들을 만나면서 진로나 직업과 관련한 이야기를 할 때 주로 나의 주장은 '좋아하는 일을 직업으로 가져라'였다. 나의 경우를 보아도 좋아하는 강의와 상담을 주로 하는 교수라는 직업이 나의 직업만족도를 높여주고 있다. 그러나 내가 만난 학생들 중에는 자신이 무엇을 좋아하는지를 아직 발견하지 못한 학생들도 많다. 그런 학생들에겐 지금 하고 있는 일에 최선을 다하며 충분히 고민해 보라는 말을 해주곤 한다. 최근에는 내가 하고 있는 일을 잘하는 일로 만드는 것도 중요하다는 생각이 든다. 교수라는 직업에서도 교육 외에도 연구라는 것이 요구되는 직무 중에 하나이다. 학생이 평가받는 것처럼 교수도 교육업적, 연구업적, 봉사업적의 3가지 영역에서 평가를 받는다. 나는 강의하고 상담하고 지도하는 교육은 정말 좋아하고 잘하는 영역이었으나 연구는 낯설다고 해야 할 정도로 손을 놓고 있던 영역 중의 하나였다, 교수가 되어 평가를 받아야 하기에 최소의 요건을 갖추는 정도로 유지하고 있었다. 그러나 맡은 역할 중에 연구와 관련한 부분이 점점 증가하고 관심을 두고 약간의 노력을 하다 보니 시간이 가면서 연구업적도 축적이 되었다. 물론 최대한의 노력을 하지는 못한 상태이지만 어느 정도 방법도 찾았고 재미도 느끼게 되었다. 나의 경우처럼 시도도 안 해보고 나의 능력을 과소평가하는 부분은 없는 지 살펴보면 좋을 듯하다. 내가 좋아하는 일을 만나지 못했다면 지금 내가 하고 있는 일에 최고가 되어 보는 것은 어떨까?!

그 외에도 직업만족도에 영향을 주는 요인에는 직장 분위기, 복지, 근무조건, 급여, 자율성 등이 영향을 줄 수 있다. 그리고 같이 근무하는 동료나 상사 등도 중요한 영향 요인이 될 것이다. 대인관계 측면에서 본다면 같이 근무하거나 협업해야 하는 사람들과의 관계가 직업만족도에 주는 영향은 엄청나다. 이 부분은 앞에서 언급이 되었던 터라 관련된 부분을 참고하면 될 듯하다.

부적응적 인간관계란?

'인간관계가 중요하지 않다'라고 이야기할 수 있는 사람은 별로 없을 것 같다. 특히, 요즘처럼 초연결, 초지능, 초융합으로 대표되는 4차 산업혁명 즉 SNS를 통해 빠르고 다양한 네트워킹이 가능한 시대에는 더 더욱 관계를 무시할 수 없다. 인간관계는 자기 안에서 어떤 결핍을 경험하게 되면 그것을 채우려는 욕구가 생기게 되고 이를 충족하기 위해 행동을 선택하게 된다. 그런데 이런 행동에서 적응적인 양식을 발견하지 못하게 되면 이상행동을 하게 되는데 이를 부적응이라고 한다.

어떤 인간관계가 부적응적인가를 판단하는 기준에는 세 가지가 있다. 첫째, 주관적 불편감으로 누군가와의 관계에서 누구나 다 경험하는 불편함 이외에 주관적인 불편감이 느껴진다면 이런 인간관계는 부적응적이라고 할 수 있다. 예를 들어, 회의를 하면서 나와 의견이 달라서 또는 협상이나 타협이 필요한 상황에서 협상이 안 이루어질 경우, 다른 사람은 잘 모를 수 있지만 내게 무언가 찜찜함으로 다가온다면 부적응적 인간관계를 경험하는 것이라 할 수 있다. 둘째, 규범으로부터의 일탈로 통용되는 규칙이나 규범에 위배되는 인간관계를 말한다. 셋째, 역기능적 인간관계는 서로를 성장하게 하거나 도움을 주는 것이 아니라 서로를 피폐하게 하거나 힘들게 하는 경우를 말한다.

부적응적 인간관계를 나타내는 사람들 중에는 대인동기의 문제를 갖고 있는 경우가 많다. 대인동기의 강도가 지나칠 정도로 너무 강하거나 너무 약한 경우에는 인간관계를 형성함에 있어서 부적응적인 극단의 모습을 보일 수 있다. 지나치게 대인동기가 높은 사람은 너무 폭넓은 인간관계를 추구하거나 인간관계에 강한 의존을 보이기도 한다. 반면에 지나치게 대인동기가 낮은 사람은 다른 사람에게 무관심하기도 하고 소속되는 것을 싫어하고 관계형성을 잘 안하려는 경향을 보일 수도 있다. 또한 비현실적인 대인동기를 가진 경우도 부적응적 인간관계를 나타낼 수 있다. 즉 소속된 집단의 모든 사람에게 주목받고 싶어하거나 자신이 중심적인 위치에 있고 싶어하는 경우를 예로 들 수 있다.

부적응적 인간관계를 나타내는 사람들 중에는 대인신념의 문제를 갖고 있는 경우도 많다. 인간관계에 대해 부정적인 신념을 가진 경우에는 부적응적 인간관계를 형성할 가능성도 높다. 이런 경우에는 인간관계 자체를 무가치하고 무의미한 것으로 보기 때문에 인간관계에 소극적이고 회피적이고 위축된 경향을 보일 수 있다. 또한 왜곡된 신념이나 경직된 신념을 가진 경우에도 부적응적 인간관계를 보일 수 있다. 왜곡된 신념은 편벽한 것으로 때론 인간관계에서 실제와는 달리 편견이나 고정관념을 갖게 하여 회의적이거나 비판적으로 인간관계를 바라보게 할 수 있다. 경직된 신념을 가진 경우도 '~을 꼭 해야 한다' 또는 '~을 해서는 안 된다'라는 자기의 틀들이 많아서 자신과 타인에게 실망하기도 하고 융통성도 부족해서 부적응적 인간관계를 나타낼 수 있다.

내가 경험한 부적응적 인간관계의 사례 소개하기

STEP

04

– 인간관계 개선 프로젝트

인간관계 개선 프로젝트

4. 인간관계 개선 프로젝트

한 학기 재미있는 대인관계 심리학 수업을 들으면서 수행하는 과제의 하나인 인간관계 개선 프로젝트의 목적은 인간관계 개선 및 좋은 관계 유지하기 위함이다. 과제는 한 달 동안 수행해 보는 것으로 유의사항은 첫째, 상대에게 들키지 않고 관계를 개선하거나 더 좋은 관계 유지하는 것, 둘째, 좋은 관계 유지를 위해 미션을 수행하는 것이다. 그리고 대상은 누구라도 오케이여서 (부모님, 친구, 선배, 교수, 룸메이트…) 편안하게 과제를 수행할 수 있는 사람을 선정하면 된다.

과제 제출은 공지된 일시에 과제방에 제출함을 원칙으로 하고 과제에 관한 특별한 양식은 없으나 파워포인트나 한글로 작성한다. 그리고 두 번에 걸쳐 발표자를 지원받아서 자신의 과제를 공유한다. 첫 번째 발표 내용은 과제 공지 후, 바로 학기 초에 지원을 받아 대상 선정, 목표 수립, 전략 수립까지의 내용을 발표한다. 두 번째 발표 내용은 완결된 과제를 발표하는 것으로 지원자를 받아 학기말까지 진행한다.

특별한 양식은 없지만 과제에 포함될 내용은 다음과 같다.

I. 현재 관계 상황

- 대상 선정과 그 이유
- 현재 그 대상과의 관계에 관한 기술

II. 목표 설정

- 그 대상과 어떤 수준의 관계에 도달하고 싶은지에 관한 기술

III. 전략 모색 및 선택

- 목표에 도달하기 위하여 가능한 전략 탐색
- 이들 전략들을 평가한 후, 실행 가능한 전략 선택
- 가능하면 매일 실행할 수 있는 전략 모색

IV. 실행 및 평가

- 최소 한 달 동안, 선택한 전략을 실행한 내용을 기술
- 그 실행한 행동에 대한 평가
- 필요시, 전략의 수정 보완 및 재실행 및 평가

V. 종합평가 및 소감

- 설정한 목표에 어느 정도 도달했는지에 관한 기술
- 프로젝트 수행 중 배운 점 혹은 느낀 점

목적: 인간관계 개선 및 좋은 관계 유지
- 상대에게 들키지 않고 관계 회복하기
- 좋은 관계 유지를 위해 미션 수행하기

제출: 과제방에 기한 내에 제출하기

양식: 파워포인트로 작성(한글도 가능)

발표: 초기 - 현재부터 목표 설정까지(지원자 1~2명씩 발표)
중기 이후 - 완결된 과제(지원자 1~2명씩 발표)

Appendix

– 부록

부록

개인 또는 조별과제 :
나를 이렇게 대해 주세요.

한 학기 재미있는 대인관계 심리학 수업을 들으며 정리하는 과제로 제시할 수 있다.

개인 또는 조별과제로 할 수 있으며, 이 과제를 통해 자신을 돌아보고 앞으로 다른 사람과의 관계에서 '나를 이렇게 대해 주면 좋겠다'는 것을 생각해 볼 수 있다. 다른 사람과의 관계에서 나는 어떤 특성들이 있는지를 확인하고, 이런 나에게 다른 사람들이 어떤 방식으로 접근해 오고 대해 주면 좋을 지를 당당하게 이야기해 보는 과제라 할 수 있다.

—

1. 과제명: 나를 이렇게 대해 주세요.

—

2. 포함된 내용:

1) 자기 소개(나의 성격, 좋아하는 것, 싫어하는 것, 인간관계 맺는 스타일, 싫어하는 사람, 좋아하는 사람 등등)
2) 나를 이렇게 대해 주면 좋겠다는 바람

—

3. 양식: 동영상 제작

—

4. 분량: 3분 이내 (조별 과제인 경우 5분 이내)

References

– 참고문헌

참고문헌

참고문헌

국립국어원(2019). 표준국어대사전.

권석만(2015). 현대성격심리학. 학지사

권석만(2017). 젊은이를 위한 인간관계의 심리학. 학지사.

김병구(2012). Maslow 욕구이론을 통해 본 저소득 독거노인의 서비스만족에 관한 연구. 위덕대학교 석사학위논문.

김종운(2016). 만남 그리고 성장을 위한 인간관계 심리학. 학지사

김종호(2010). 교류분석(TA)이론의 스트로크 척도개발. 한국매체상담학, 1(1), 1-20.

디자인연(2018). OX 카운팅 카드. 디자인연

백현옥(2013). 청소년이 지각한 가족기능과 학교생활 적응간의 관계에서 스트로크와 내외통제성의 매개효과. 목포대학교 박사학위논문.

생명평화마중물(2008). 가치성장카드. 생명평화마중물.

소준섭 역(2018). 논어. 현대지성.

손영화(2016). 인간관계 심리학. 학지사.

심순덕(2019). 엄마는 그래도 되는 줄 알았습니다. 니들북.

와이스토리(2018). 만약카드.

유지형(2018). 외국인 유학생의 성격강점이 대학생활 적응에 미치는 영향 : 문화적응스트레스의 매개효과. 동신대학교 석사학위논문.

윤미나 역(2019). 설득의 심리학 2: YES를 끌어내는 설득의 50가지 비밀. 21세기 북스.

윤영진, 문호영, 김미례, 정정숙, 이영호(2016). TACA형 자아상태 및 인생태도 검사지 개발과 활용의 실제. 경기: 아카데미아.

장선숙(2018). 위기 청소년기 경험자의 '의미 있는 타자' 경험에 대한 내러티브탐구. 성산효대학원대학교 박사학위논문

장성환(2009). Satir의 의사소통의 이용에 따른 아동의 사회성. 동아대학교 석사학위 논문.

정현희(2007). 실제 적용 중심의 미술치료. 학지사.

최은지(2012). 대학생 이성교제시에 나타나는 사랑유형에 관한 연구: Sternberg 사랑의 삼각형이론을 중심으로. 명지대학교 석사학위논문.

최진오, 조명실, 오새내(2020). 슬기로운 대학생활. 지식의 날개.

톰 래스, 도널드 클리프턴 (2017). 위대한 나의 발견 강점혁명. 청림출판사.

하우석 (2006). 뜨거운 관심. 다산북스.

Ainsworth, M. D. S., Blehar, M. C., Waters, E., & Wall, S.(1978). Patterns of attachment: A psychological study of the strange situation.

Banura, A.(1977). Self-efficacy: Toward a unifying theory of behavioral change. *Psychological Review*, 84, 191-215.

Berne, E.(1961). Transactional analysis in psychotherapy. New York: Grove Press.

Chapman, G.(2010). 5가지 사랑의 언어(The five love languages). (장동숙, 황을호 역). 생명말씀사.

Davis, K. E., & Todd, M. J.(1982). Friendship and love relationships. In K. E. Davis & T. Mitchell(Eds.), Advances in descriptive psychology(Vol. 2, pp. 79-122). Greenwich, CT: JAI Press.

Gabor, D.(2001). How to Start a Conversation and Make Friends. Simon & Schuster.

Goodwin, R.(1990). Sex differences among parther preferences: Are the sexes really very similar? Sex Roles, 23, 501-513.

Higgins, E., T.(1987). Self-discrepancy: A thorey relating self and affect. *Psychological Review*, 94, 319-340.

Hill. C. T., Rubin, Z., Peplau, I. A., & Willard, S. G.(1979). The volunteer couple: Sex differences, couple commitment and participation in research on interpersonal relationships, Social Psychology Quarterly, 42, 415-42

James, W.(1890). *Principles of psychology*. New York: Holt.

Jorgensen, S. R.(1986). Marriage and the familly. New York: Macmillan Publishing Co.

Luft, J., & Ingham, H.(1955). *The Johari-Window: a graphic model for interpersonal relations. University of California Western Training Lab.*

Rifkin, J.(2010). 공감의 시대(The empathic civilization). (이경남 역). 민음사.

Seligman, M. E. P.(2014). 마틴 셀리그만의 긍정심리학(Positive psychology). (김인자 역). 물푸레.

Sternberg. R., J.(1998). Cupid's arrow: The course of love through time. New York: Cambridge University Press.

Sullivan, H. S.(1953). Interpersonal theory of psychiatry. New York: Norton.

Udry(1971). The social context of marriage. New York: Lippincott.

강세훈. 직업만족도 1위 교육계열 교수…보조출연자 가장 낮아.
http://news.sarangbang.com/detail/article/1361844 공감언론뉴시스 통신사 2019. 4. 17.

김고은. 월급쟁이 직장인이 가장 서러울 때…
http://www.mbn.co.kr/news/culture/2945157 MBN 뉴스 2016. 07. 11.

김민정. 신동엽 "10년만에 대상... 그 비법은 경청".
https://sports.donga.com/3/all/20121223/51795923/3 스포츠동아 2012. 12. 24.

김연주. "힘들어도 말 못하고...' 위로받지 못하는 세대 '위로 포비아'
https://www.sedaily.com/NewsView/1ONQS29YLV 서울경제. 2017. 11. 27.

윌리엄 제임스의 이론.
https://100.daum.net/encyclopedia/view/117XX48906310 2019. 12.

한국가이던스 사랑유형 검사
http://www.guidance.co.kr/lntgr/freetest/free-screen.html?Fcode=15

한국교류분석협회(2019). 인생태도
http://www.ta.or.kr/bbs/page.php?hid=life